Schritt-für-Schritt

MANGA

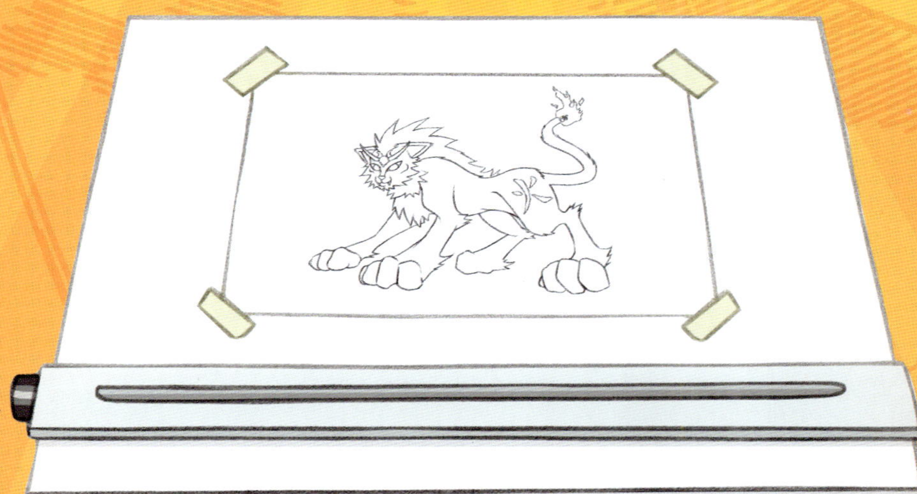

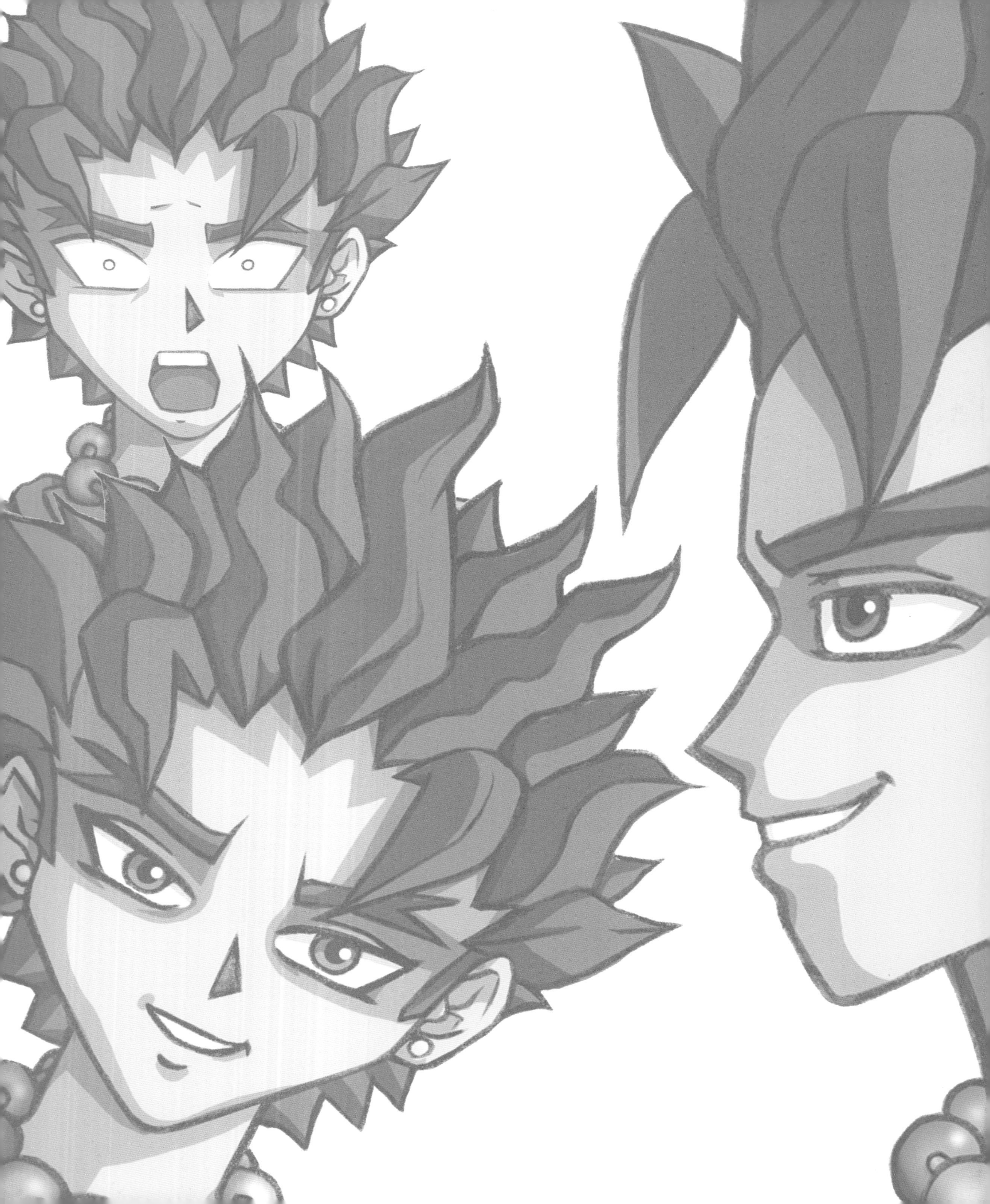

Schritt-für-Schritt
MANGA

BEN KREFTA

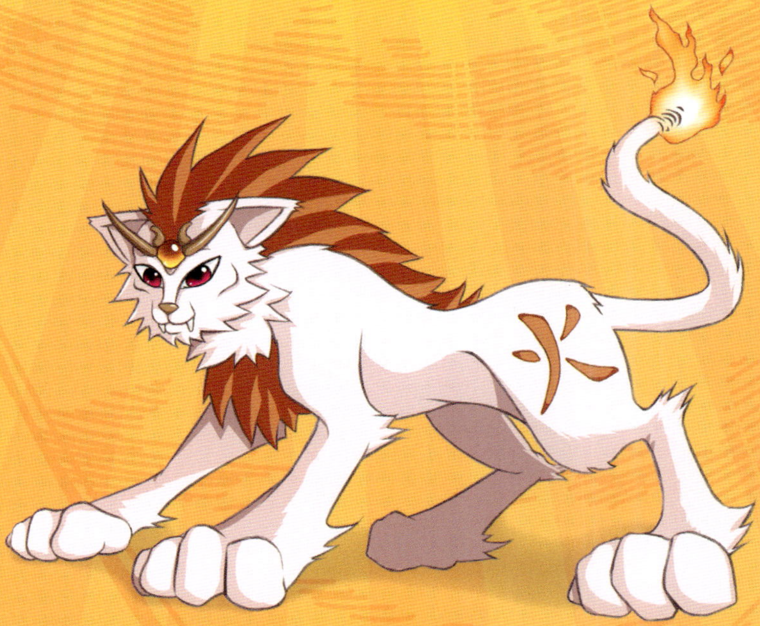

PREMIO

PREMIO ist ein Imprint der Arcturus Publishing Limited, London, und der Premio Verlag GmbH, Münster.

Übersetzung aus dem Englischen: Wiebke Krabbe, Damlos
Redaktion und Satz: lesezeichen Verlagsdienste, Köln

Gedruckt in China 2014

ISBN: 978-3-86706-218-3
CH000710DE
Supplier 26, Date 0814, Print Run 3580

www.premio-verlag.de

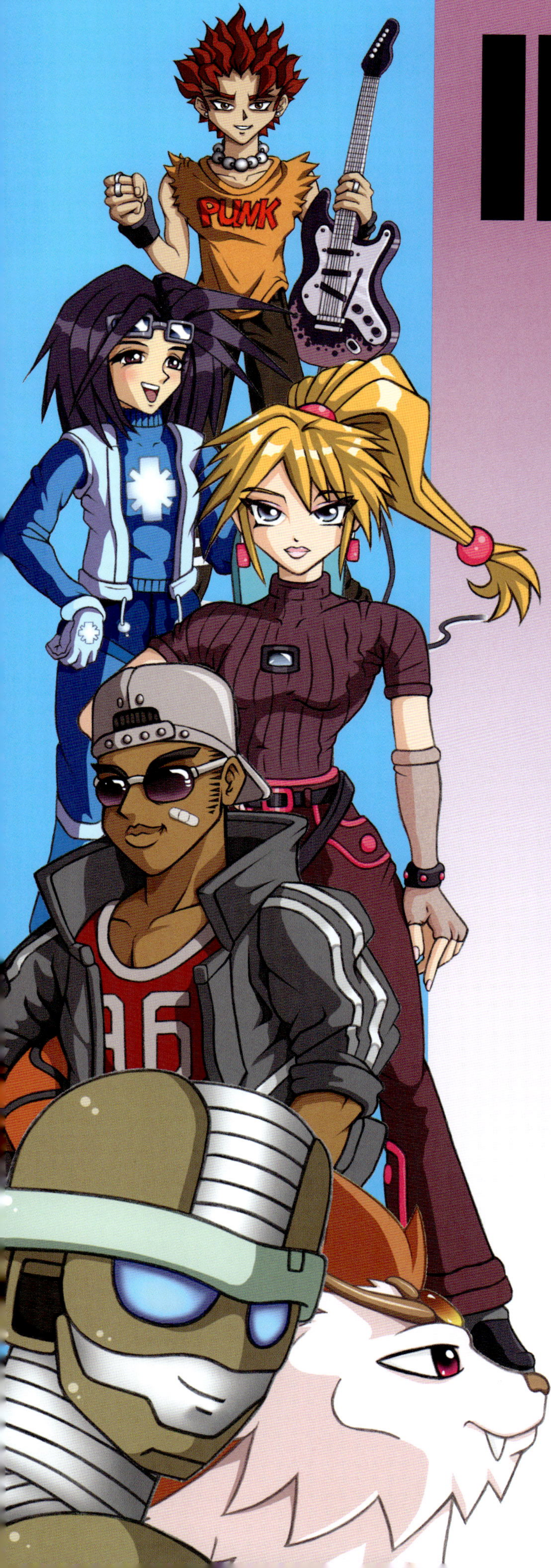

INHALT

Willkommen in der Manga-Welt, die von großäugigen Teens und fiesen Monstern bevölkert ist. Diese Welt, in der alles möglich ist, hat unsere wirkliche Welt im Sturm erobert.

Manga entstand vor über 50 Jahren in Japan. Es ist die japanische Form des Comics und bedeutet wörtlich übersetzt „verantwortungslose Bilder". Die ersten japanischen Animationsfilme (Anime) waren zwar von amerikanischen Trickfilmen dieser Zeit beeinflusst, aber Manga-Geschichten handeln meist von Menschen und nicht von Superhelden. Typisch für den Stil sind einfache, flüssige Strichzeichnungen ohne die schweren Schattierungen, die in amerikanischen Cartoons gebräuchlich waren. Manga-Figuren erscheinen oft vereinfacht, aber es wird sehr viel Wert auf Details gelegt.

Für diesen Kurs haben wir sechs Manga-Figuren entwickelt: D-Boy, dem beim Basketball niemand etwas vormacht; Heather, mit der man sich nicht anlegen sollte; den angehenden Rockstar J.C. und Kimi, die kühle Königin des Snowboards. Außerdem sind da noch Kit-Kit, der leicht überkocht, und der Roboter Striker, der alles andere ist als eine gemeine Kampfmaschine.

Wir zeigen Dir, wie die einzelnen Figuren gezeichnet werden – vom Strichmännchen bis zur vollständigen Gestalt in Farbe und in Bewegung. Außerdem erfährst Du Wissenswertes über die richtigen Materialien und ihre Verwendung. Also fangen wir einfach an.

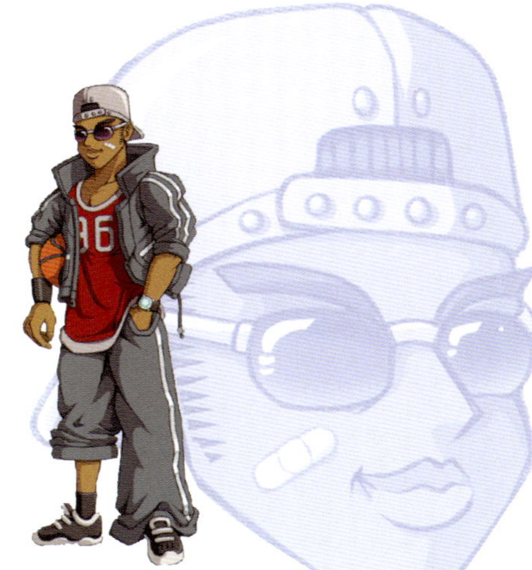

D-BOY

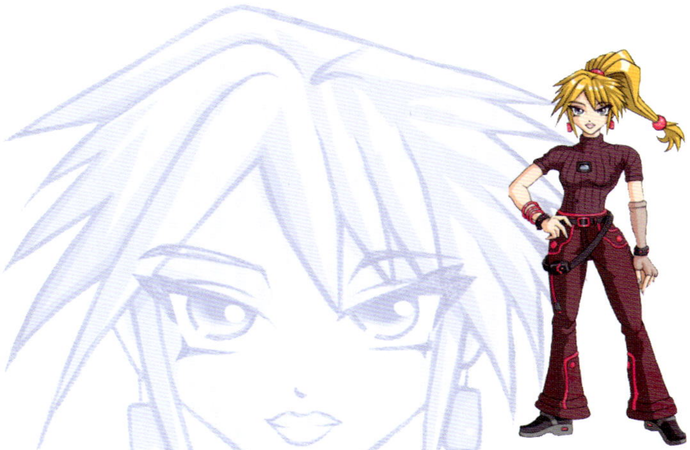

HEATHER

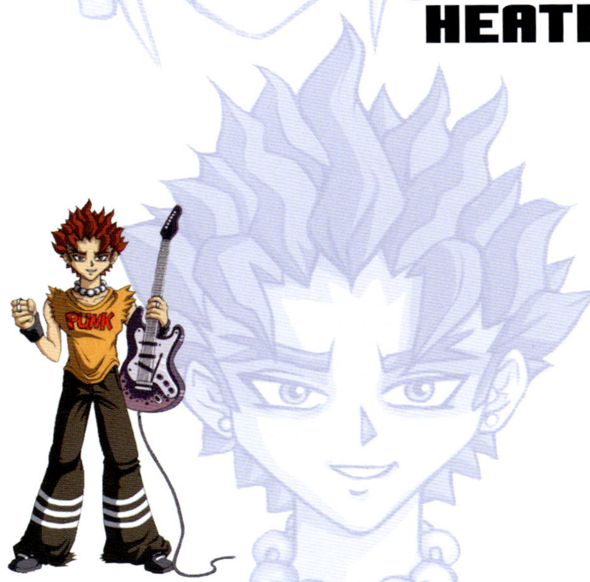

J.C.

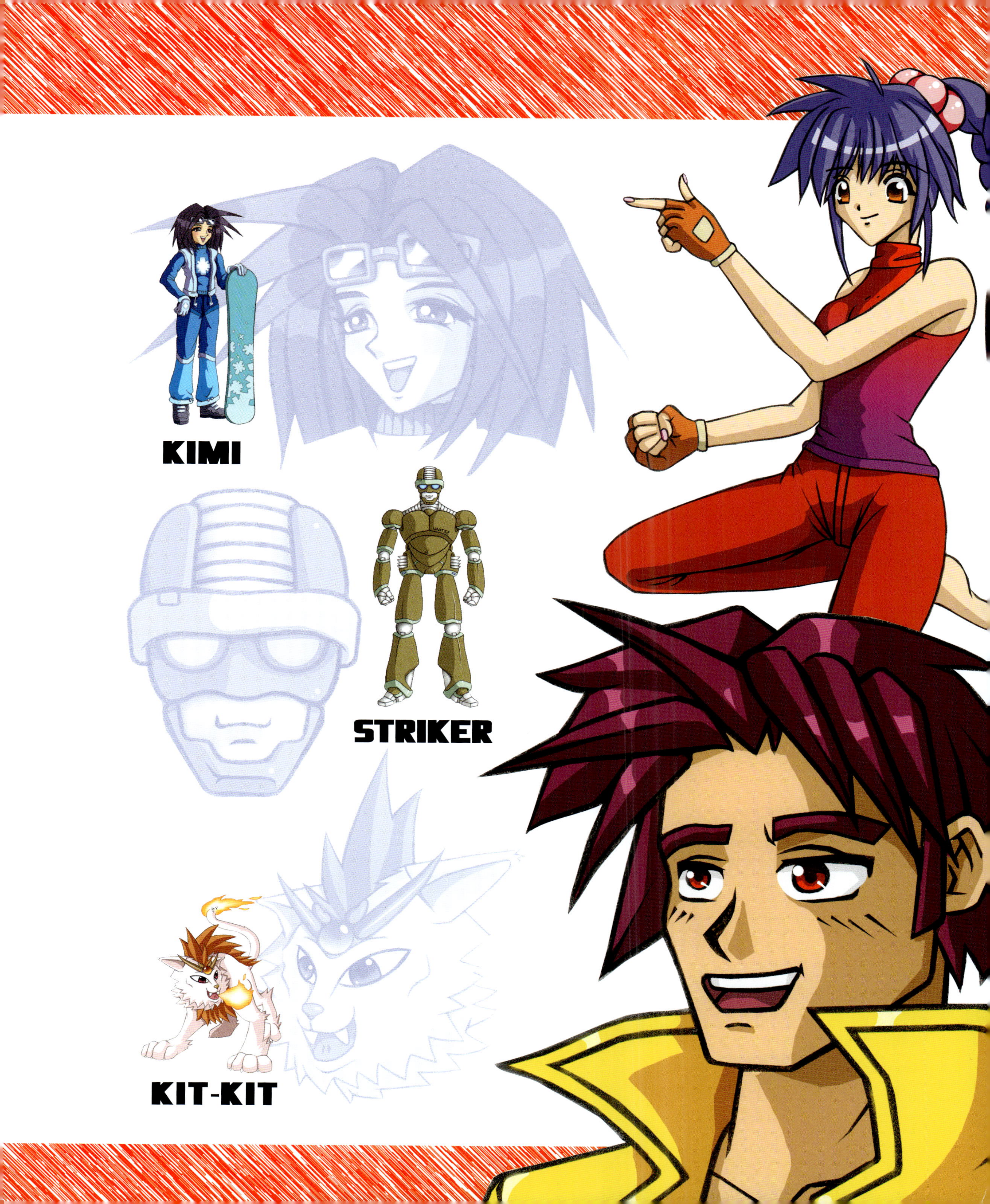
KIMI
STRIKER
KIT-KIT

MATERIAL

Was brauche ich, um Mangas zu zeichnen? Wie viele Stifte sind für die erste Grobskizze nötig? Womit zeichne ich die Konturen der Vorzeichnung nach? Und was benutze ich zum Kolorieren? Wird das nicht ganz schön teuer? Keine Sorge. Das meiste hast Du wahrscheinlich zu Hause. Und was fehlt, kannst Du in jedem Fachgeschäft und vielleicht sogar im Supermarkt an der Ecke kaufen. Der Einstieg geht schnell und ist einfach: Du brauchst nur Fantasie.

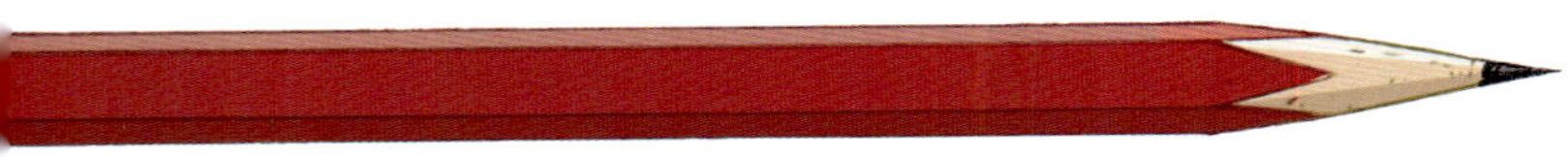

Bleistifte

Das „Blei" ist in Wirklichkeit Grafit, eine Form von Kohlenstoff. Es wird mit Bindemitteln gemischt und gebrannt. Je mehr Ton die Mine enthält, desto heller ist ihr Strich. Die Härte wird durch die Buchstaben H (für hard) und B (für black) und Zahlen angegeben. Ich benutze drei: 1H, 2H und 3H. Womit kommst Du am besten zurecht?

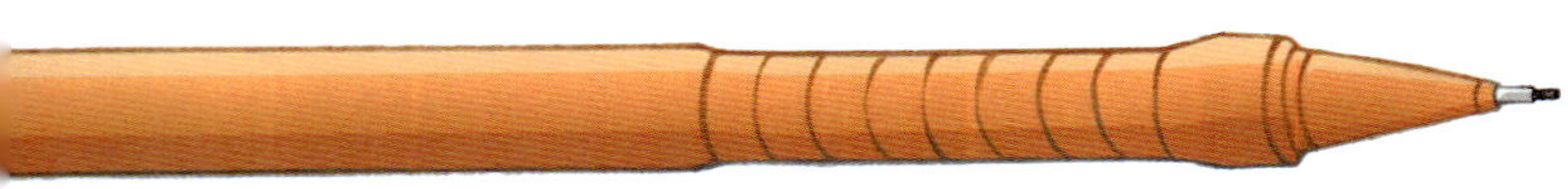

Schwarzer Fineliner

Diese Stifte gibt es mit Minen in verschiedenen Stärken. Nimm für sehr feine Umrisslinien die dünnste Mine, die Du finden kannst.

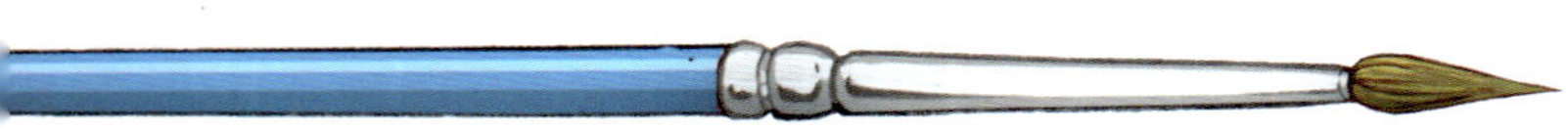

Pinsel

Zum Malen mit Acryl- oder Aquarellfarben brauchst Du einen mittleren oder dünnen Pinsel.

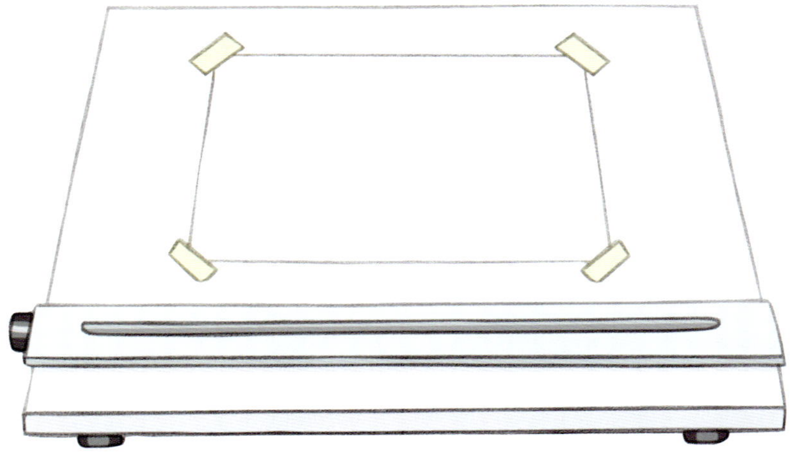

Zeichenbrett

Wer viel zeichnet, muss es bequem haben. Auf einem schrägen Zeichenbrett kannst Du das Papier sicher befestigen, sodass es keine Knitter oder Risse bekommt. Gerade Linien für die Felder von Bildgeschichten lassen sich darauf gut zeichnen.

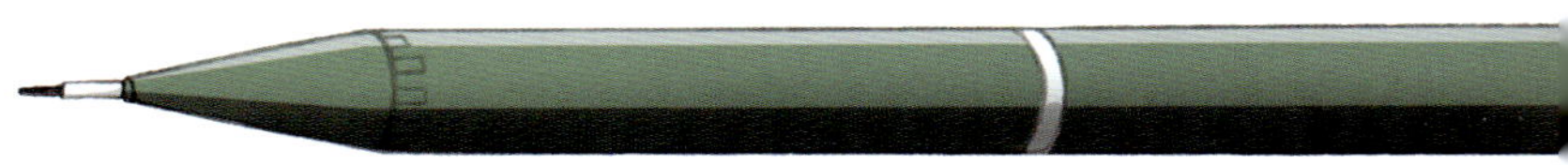

Druckbleistift

Muss nie angespitzt werden und eignet sich gut für feine Zeichnungen. Minen in verschiedenen Härten kann man einzeln kaufen. Probiere mehrere aus, bis Du einen findest, der Dir gut in der Hand liegt.

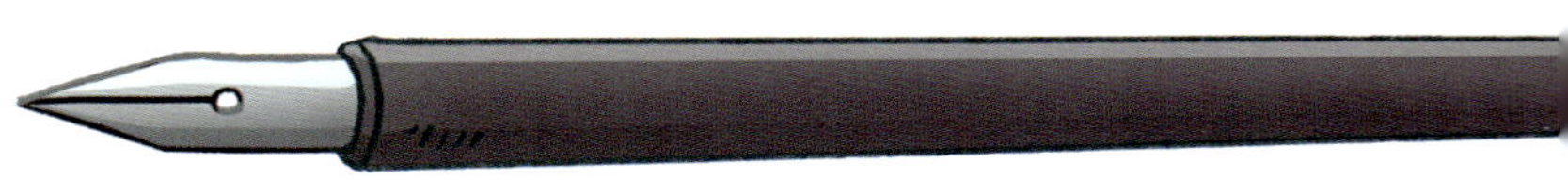

Eintauchfeder

Zum Nachzeichnen von Umrisslinien kannst Du auch eine Feder benutzen. Je stärker Du aufdrückst, desto dicker ist der Strich. Federn mit verschiedenen Spitzen kann man einzeln kaufen. Manche sind eingeölt, damit sie nicht rosten. Sie müssen vor dem Zeichnen sauber gewischt werden.

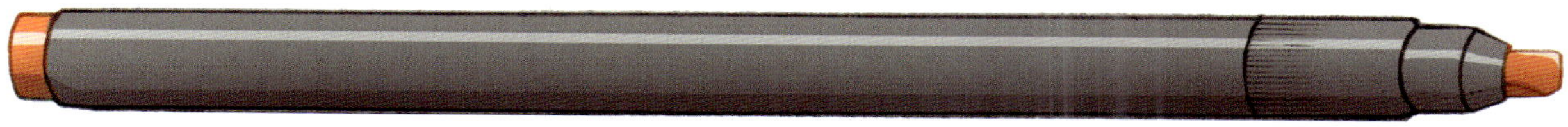

Marker/Mangastifte

Hervorragend zum Kolorieren, leichter und sicherer zu handhaben als ein Pinsel. Farbe kann klecksen, Tusche kann umkippen. Pannen kommen vor, aber Marker laufen nicht aus.

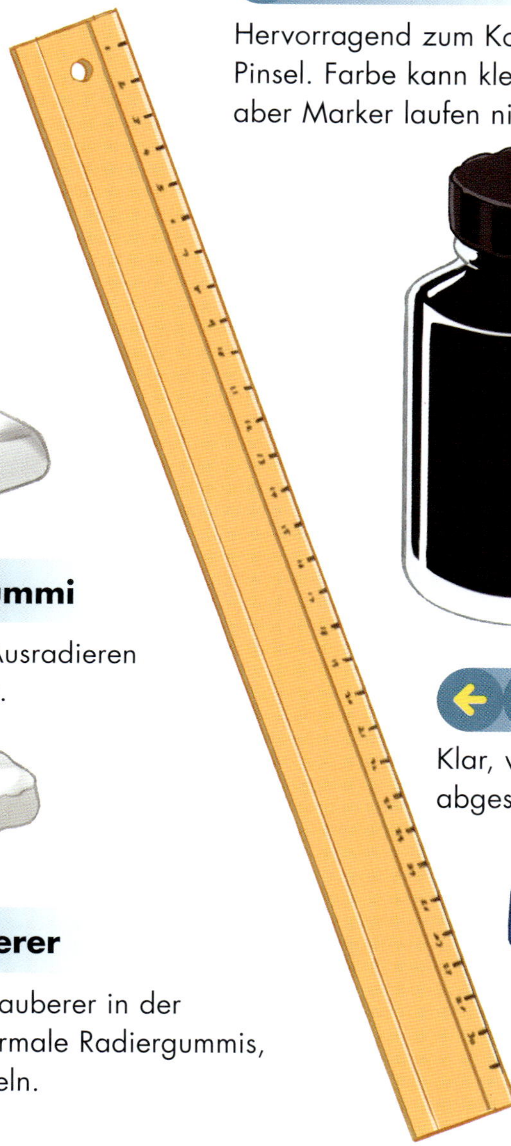

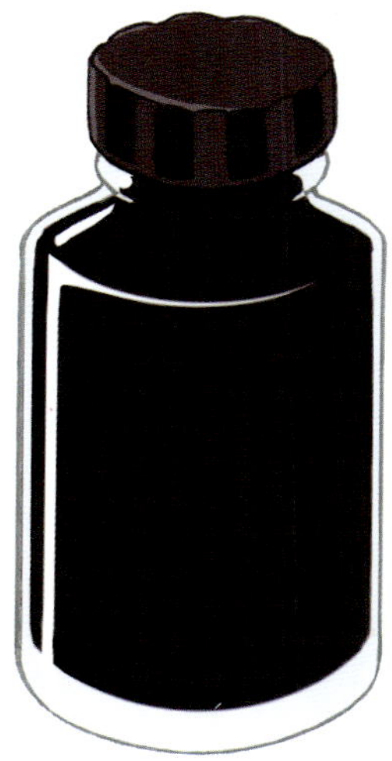

Schwarze Tusche

Wasserverdünnbare Tusche ist einfacher zu verwenden, aber wasserfeste Tusche ist lichtbeständiger. Entscheide selbst. Wenn Du wasserverdünnbare Tusche benutzt, wische anschließend unbedingt die Feder sauber, damit sie nicht rostet.

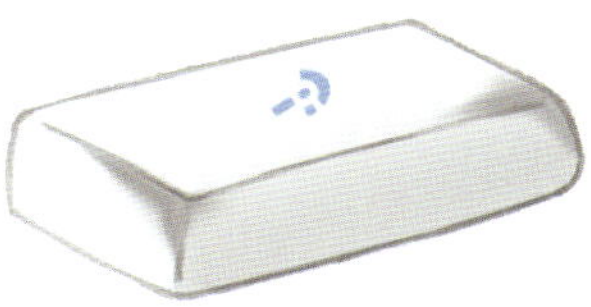

Radiergummi

Brauchst Du zum Ausradieren von Bleistiftstrichen.

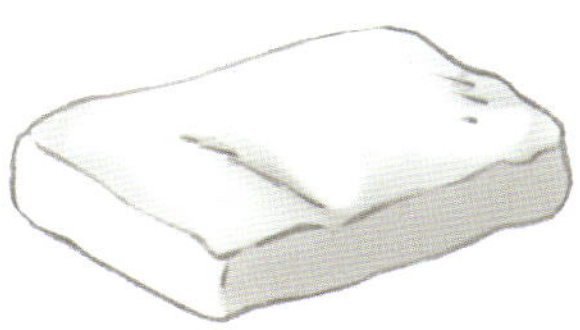

Knetradierer

Knetradierer sind sauberer in der Anwendung als normale Radiergummis, weil sie nicht krümeln.

Lineal und Anspitzer

Klar, wofür sie gebraucht werden. Nimm ein Lineal mit abgeschrägter Kante, damit Tusche nicht verwischt.

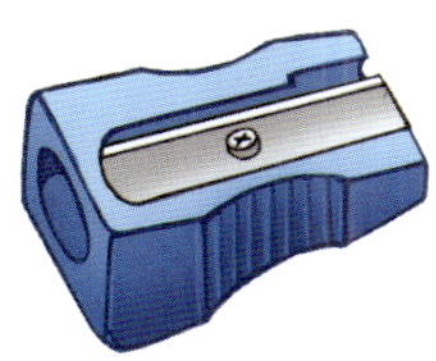

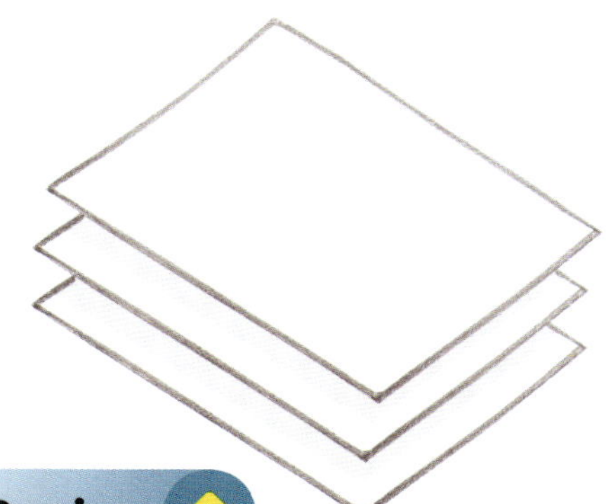

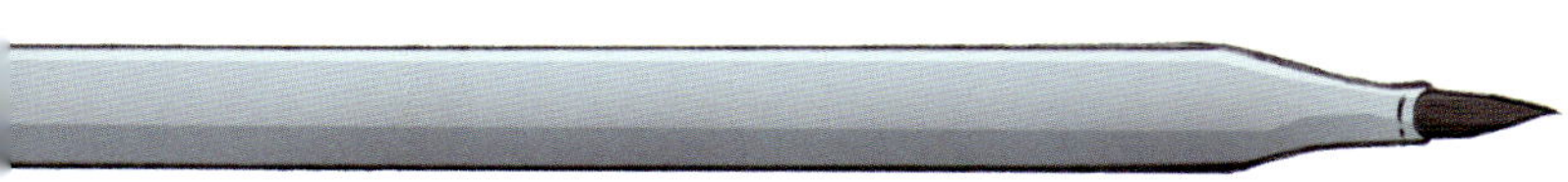

Pinselstift

Geeignet für Striche in verschiedenen Stärken und zum Ausmalen größerer Flächen. Wenn Du nachfüllbare Pinselstifte benutzt, schaff Dir einen für Schwarz und einen weiteren für andere Farben an.

Papier

Für Papier kann man viel Geld ausgeben, das muss aber nicht sein. Normales Druckerpapier genügt für den Anfang. Es ist schön glatt (perfekt zum Zeichnen), schneeweiß und preiswert.

Grundlagen

Unser Körper besteht aus Knochen – runden, gekrümmten und geraden. Muskeln und Sehnen geben dem Körper seine Form. Der Körper besteht aus mehr Formen, als man in einem Geometriebuch findet. Bei Manga-Figuren kommt es vor allem auf die richtigen Proportionen an. Sie müssen stimmen, damit die Figuren gut aussehen. Nimm den Kopf als Maßeinheit und versuche, Dich an diese Faustregeln zu halten:

- Eine Figur sollte etwa sieben bis acht Kopfhöhen groß sein.
- Von Schädeldecke bis Schulter etwa 1½ Kopfhöhen; die Schulterbreite entspricht etwa zwei Kopfhöhen.
- Von Schädeldecke bis Hüften etwa drei Köpfe. Bei Männern sind die Hüften schmaler als die Schultern (etwa 1½ Köpfe breit), bei Frauen sind Schultern und Hüften gleich breit (etwa zwei Köpfe).
- Von Schädeldecke bis Knie etwa fünf Köpfe.

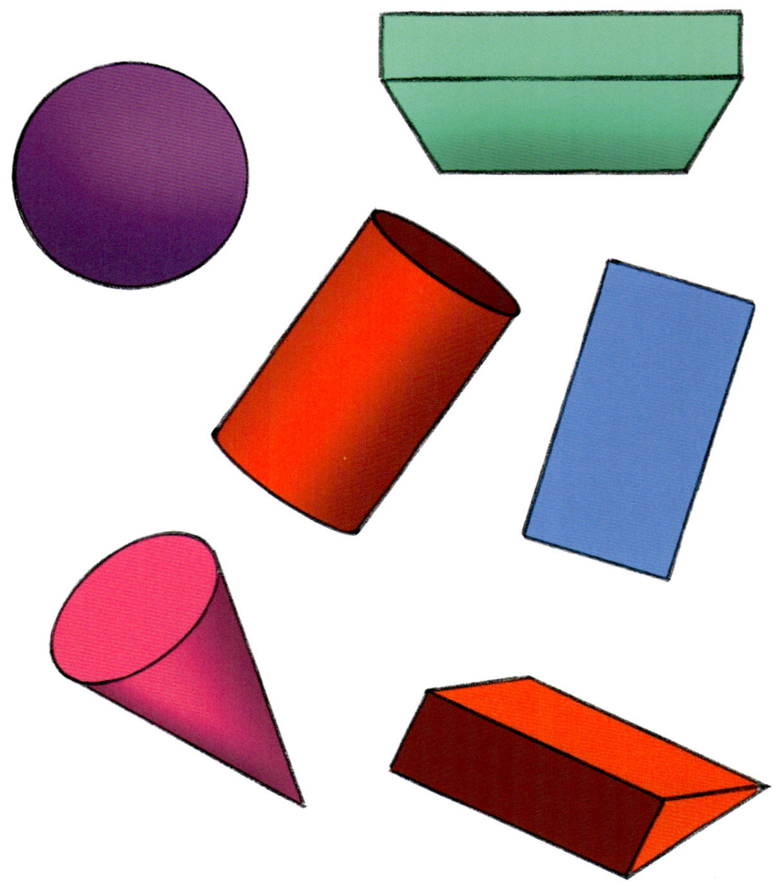

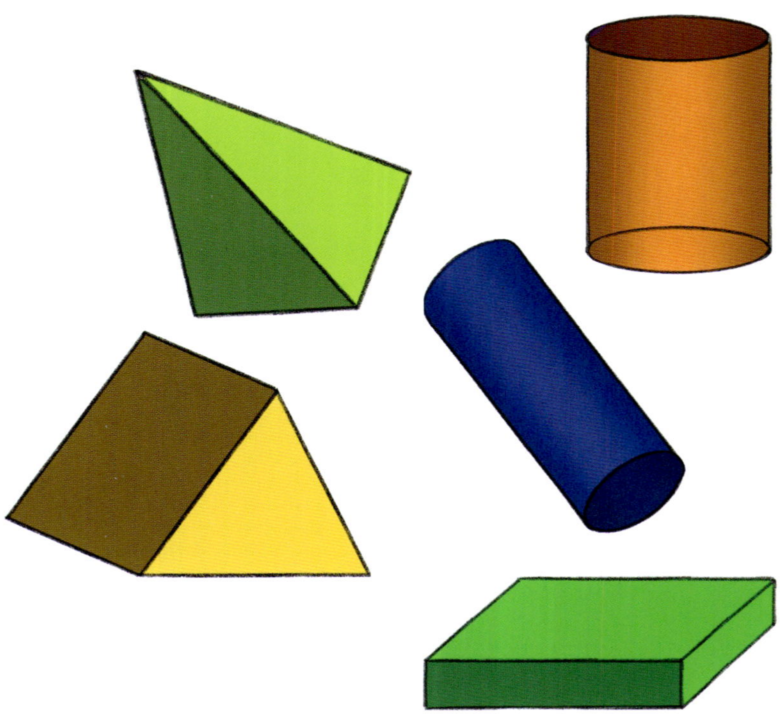

Wenn Du eine Manga-Figur von vorn zeichnest, fange mit einem Strichmännchen an: Kopf (rund), Hals und Wirbelsäule (gerade und senkrecht), Schultern (fast waagerecht, außen etwas tiefer), Becken (kurz und waagerecht), Arme und Beine (lang und senkrecht).

Als Strichmännchen sehen Jungs und Mädchen noch gleich aus. Dann kommen die Unterschiede: Zeichne die Brust eines Mädchens als Dreieck, dessen untere Spitze an das Becken stößt. Auch dies ist ein Dreieck mit der Spitze nach unten. Die Arme setzen direkt an den oberen Ecken des Dreiecks an. Zeichne den oberen Brustkorb von Jungs zuerst als Oval, und setze zwischen Brust und Arme kleine Kreise für die Schultermuskeln.

Natürlich gibt es noch mehr Unterschiede …

VON VORN

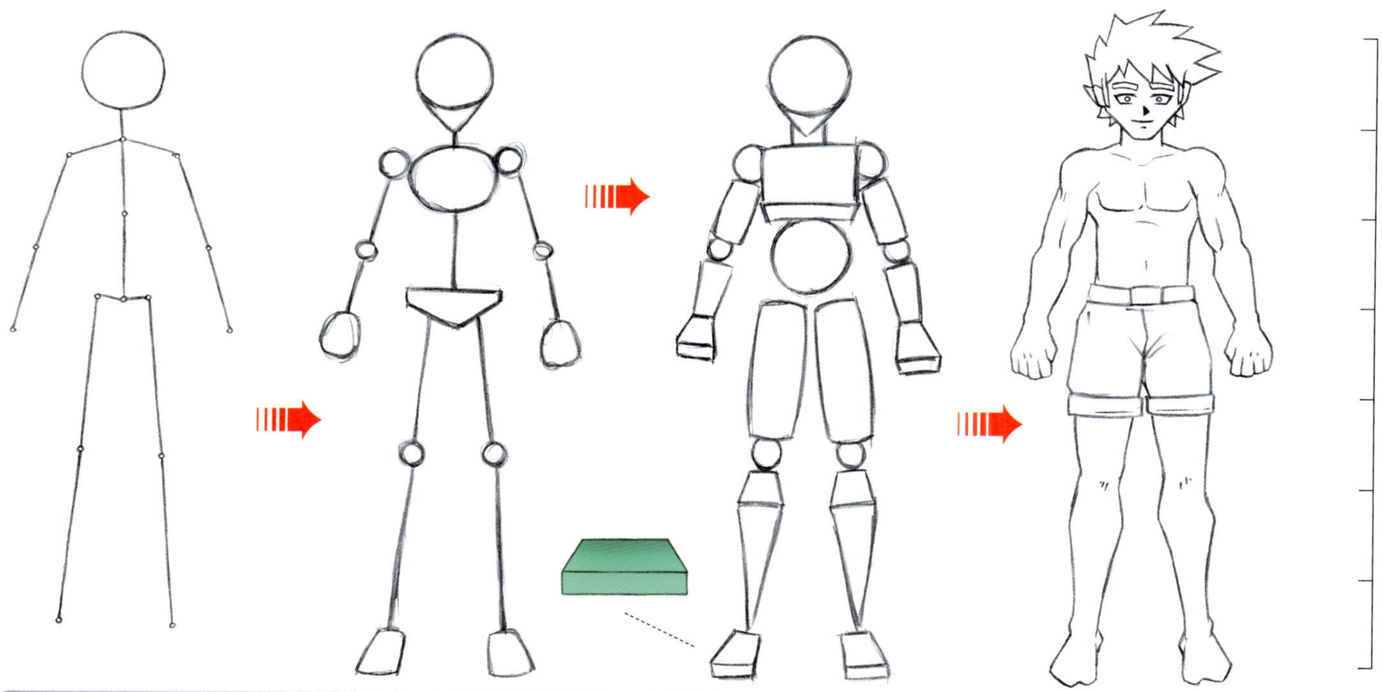

MÄNNLICH

Grundhaltung | Hauptformen | Räumlichkeit | Fleisch

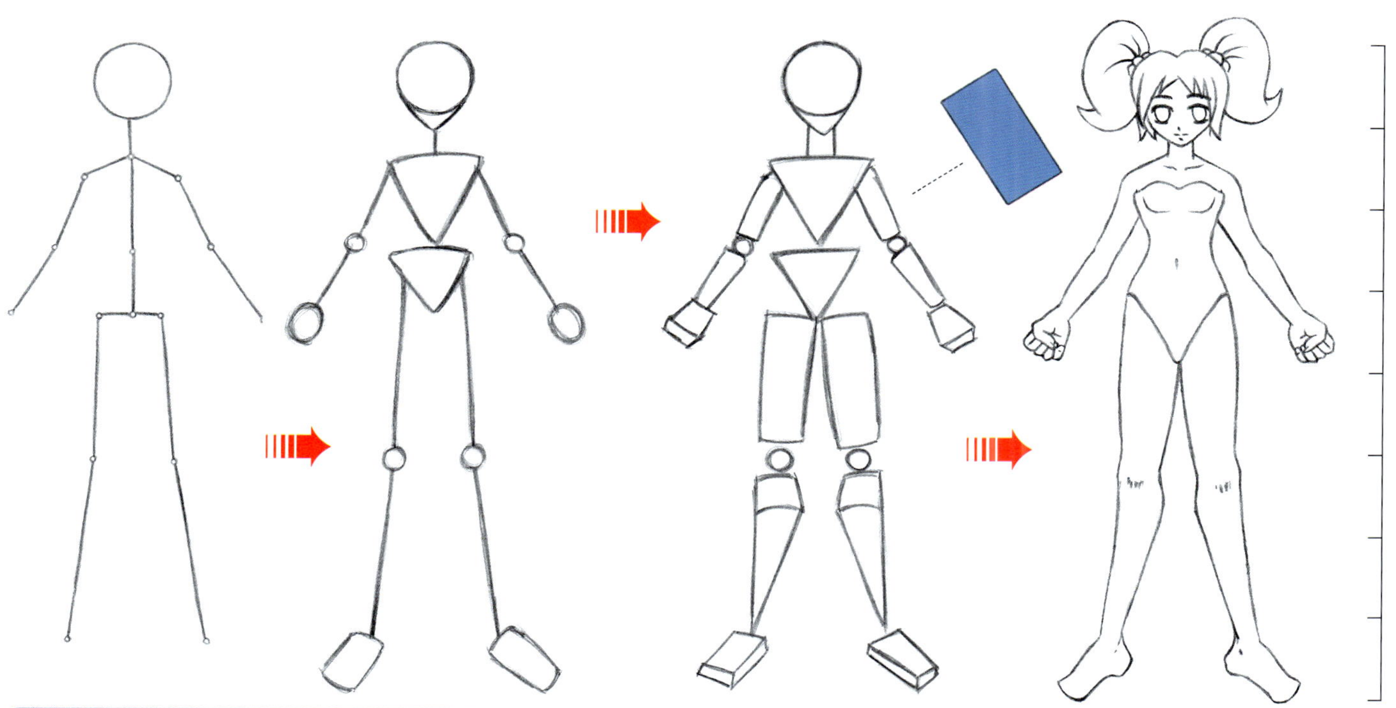

WEIBLICH

Mädchen haben etwas breitere Hüften als Jungs und schmalere Schultern.

H A L B P R O F I L

MÄNNLICH

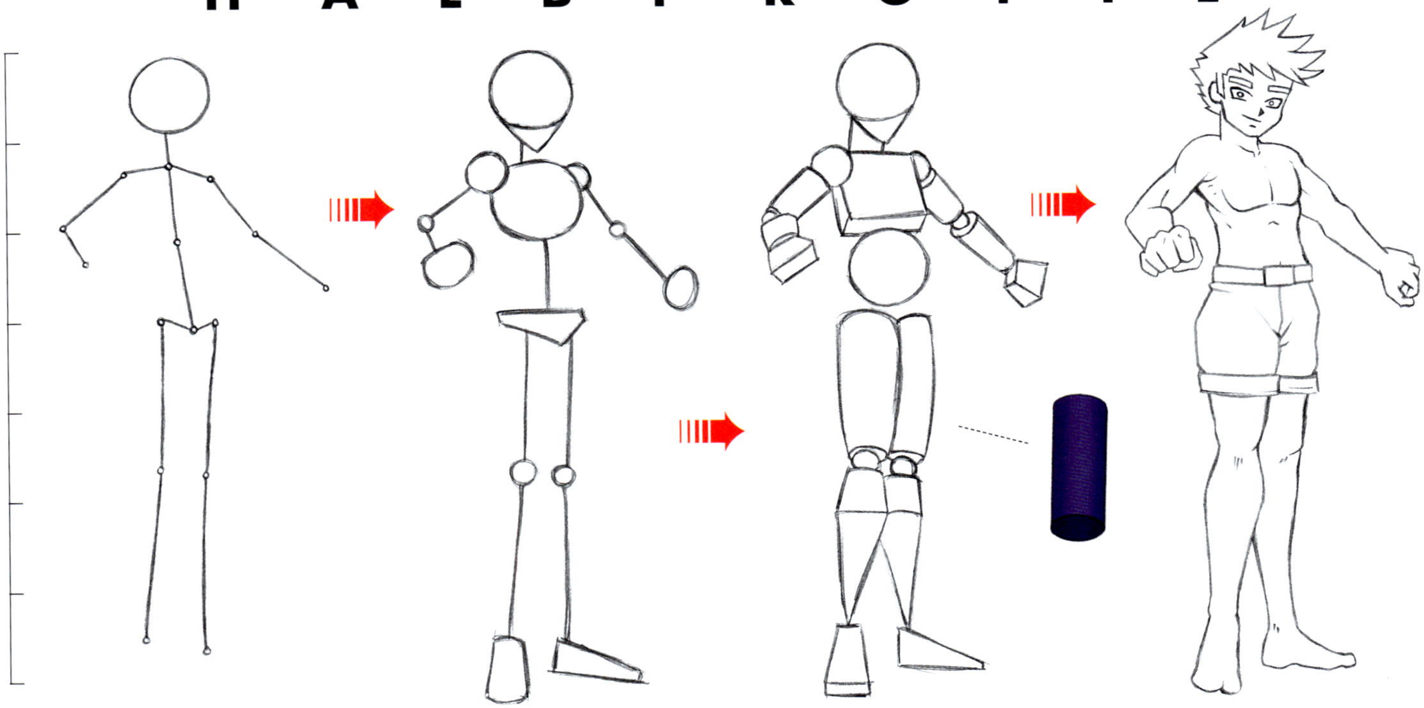

Das Oval, das wir für den Oberkörper des Jungen gezeichnet haben, ist nun eckiger, damit die Brust in der fertigen Zeichnung kräftig und muskulös wirkt.

WEIBLICH

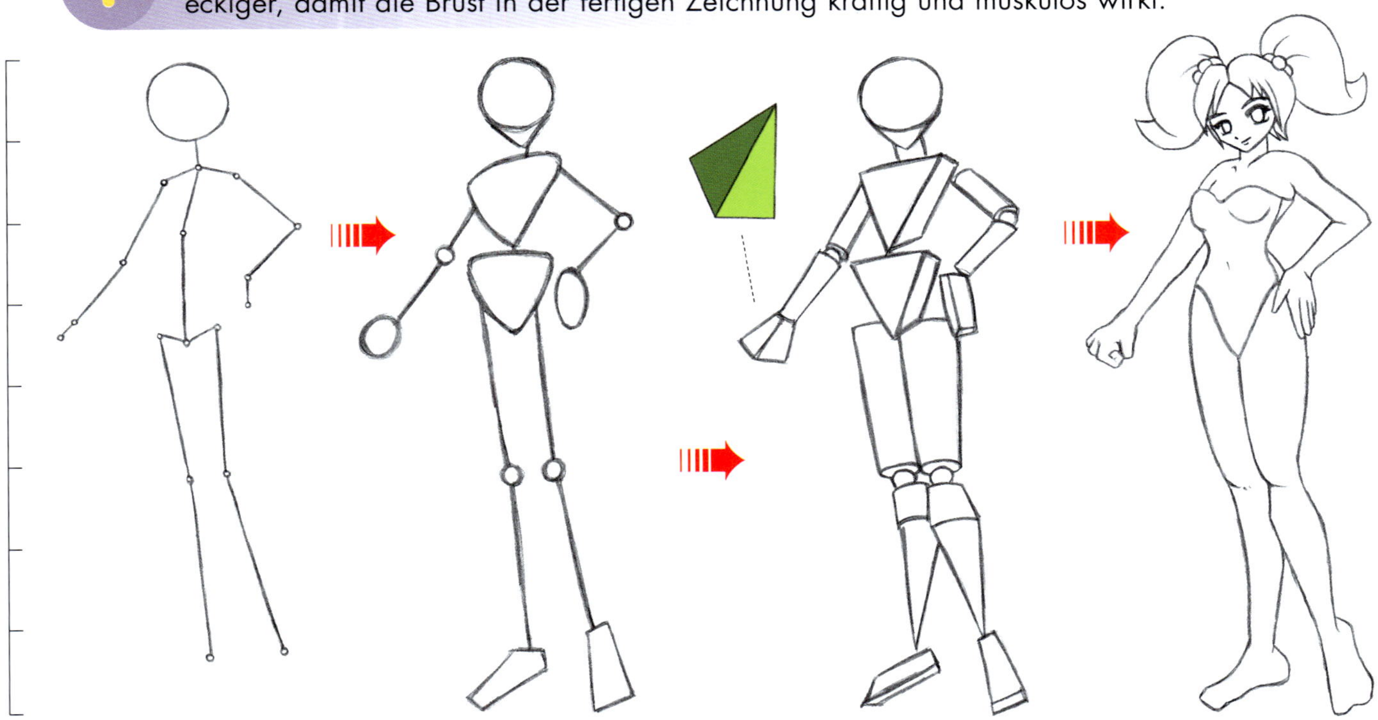

Hier ist zu sehen, wie aus der Strichzeichnung und den Grundformen allmählich der Körperbau des Mädchens entwickelt wird.

P R O F I L

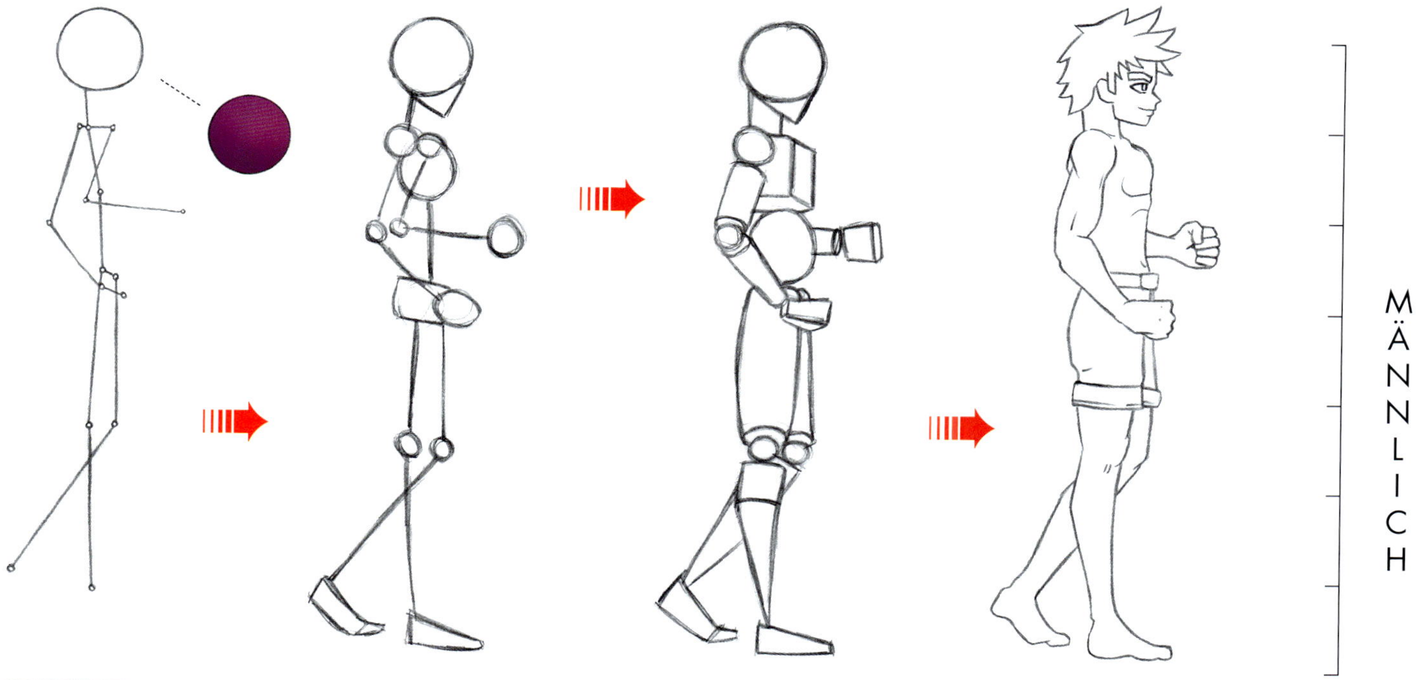

Von der Seite gesehen erscheint das Oval der Brust als Kreis. Die Schulterform bleibt unverändert.

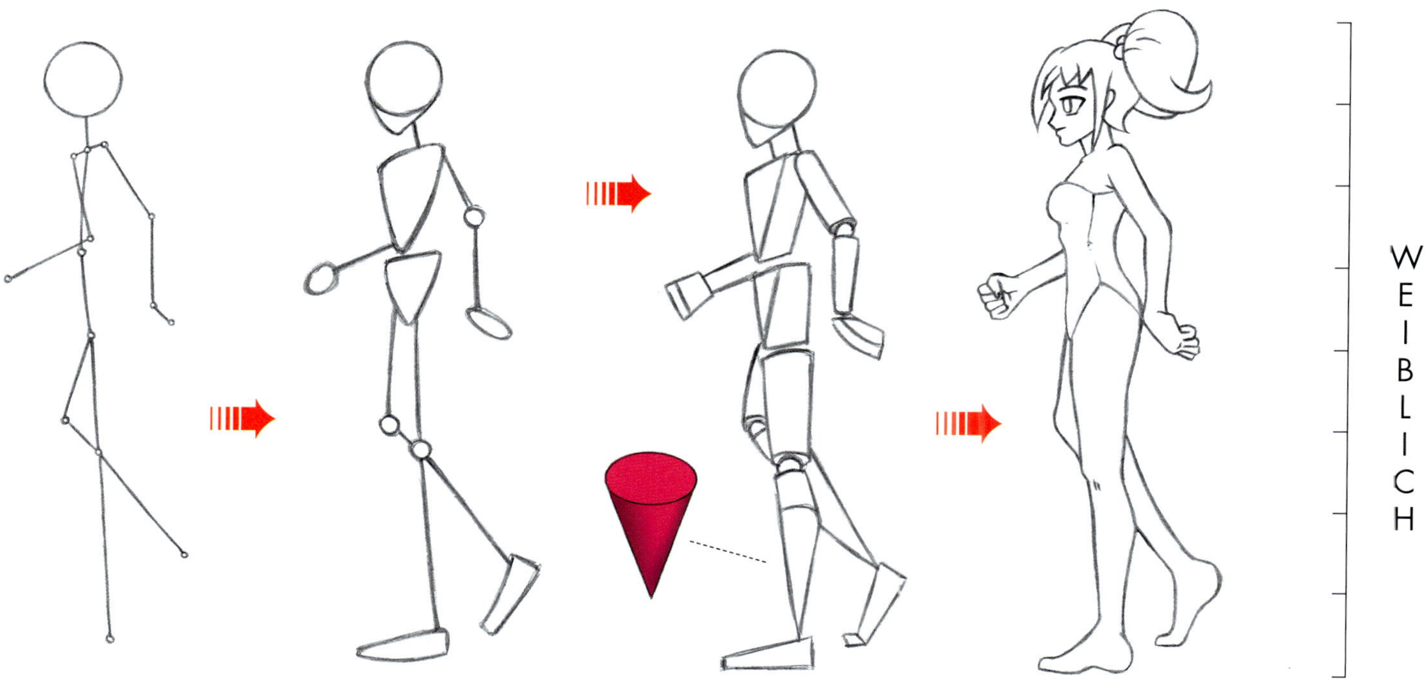

Wenn Du ein Mädchen in Bewegung zeichnest, verwende für Brust und Becken dieselben Dreiecksformen wie bei der stehenden Figur, aber zeichne sie kleiner.

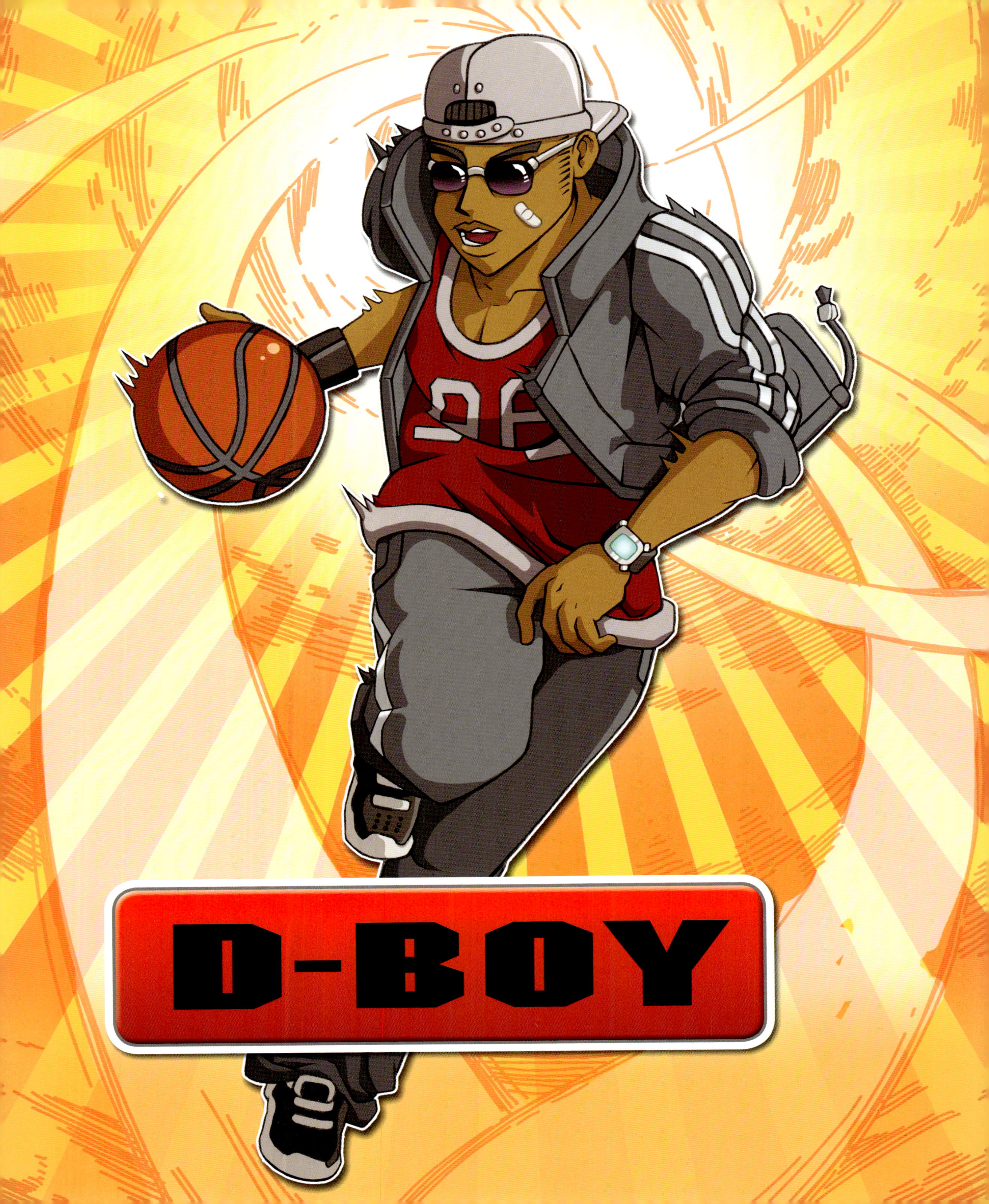

D-BOY

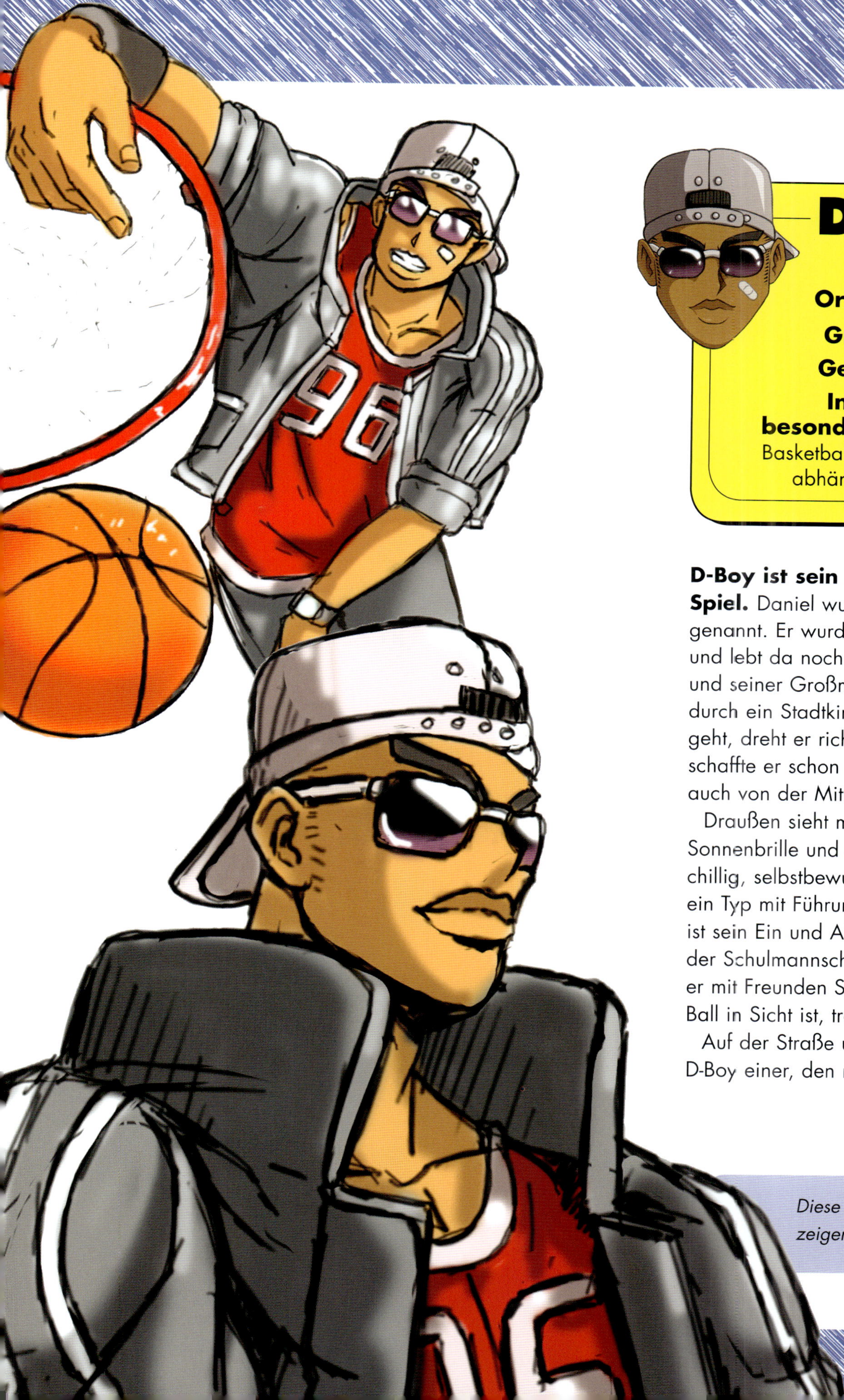

D-Boy

Alter: 18

Ort: Philadelphia, USA

Größe: 1,87 m

Gewicht: 95 kg

Interessen & besondere Fähigkeiten:
Basketball, mit seinen Kumpels abhängen, Krafttraining

D-Boy ist sein Name, B-Ball sein Spiel. Daniel wurde er nur als Kind genannt. Er wurde in Philadelphia geboren und lebt da noch immer mit seiner Mutter und seiner Großmutter. Er ist durch und durch ein Stadtkind. Wenn es um Basketball geht, dreht er richtig auf. Drei-Punkte-Würfe schaffte er schon als Kind – jetzt trifft er auch von der Mittellinie. Sicher!

Draußen sieht man D-Boy nie ohne Sonnenbrille und coole Klamotten. Total chillig, selbstbewusst und kontaktfreudig – ein Typ mit Führungsqualitäten. Basketball ist sein Ein und Alles. Wenn er nicht gerade der Schulmannschaft zum Sieg verhilft, spielt er mit Freunden Streetball. Und wenn kein Ball in Sicht ist, trainiert er im Fitnesscenter.

Auf der Straße und auf dem Spielfeld ist D-Boy einer, den man einfach kennt.

Diese groben Zeichnungen zeigen D-Boy beim Spiel.

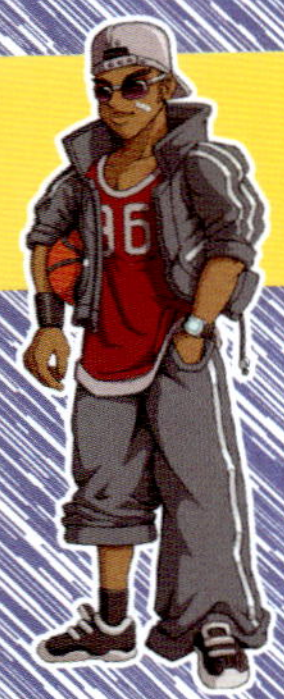

D-BOY

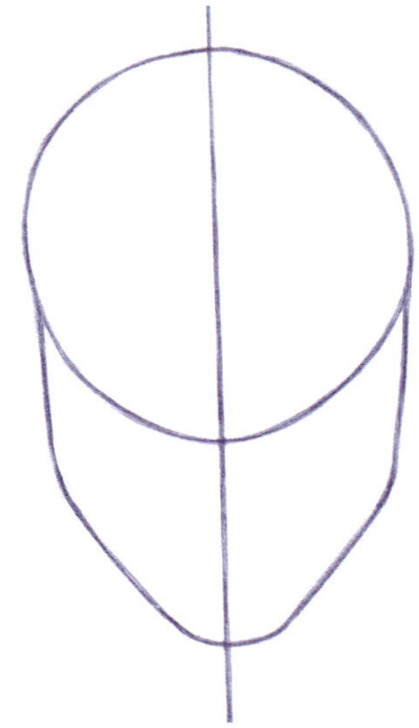

Schritt 1

Für den Kopf zuerst einen Kreis mit einer Mittelsenkrechten zeichnen. Zwei Linien an den unteren Kopf anfügen, die zuerst parallel zur Mittellinie verlaufen, dann schräg aufeinander zu und sich schließlich in der Mitte treffen.

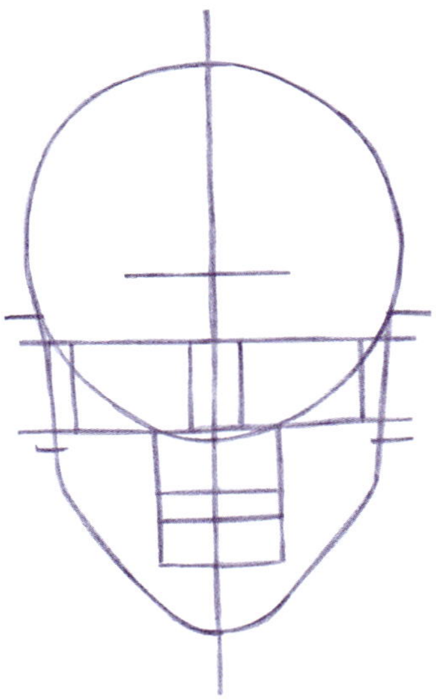

Schritt 2

Zeichne zwei Rechtecke rechts und links der Mittellinie – das werden die Gläser von D-Boys Sonnenbrille. Darüber und darunter an beiden Seiten die oberen und unteren Ränder der Ohren markieren. Drei Rechtecke übereinander zeigen, wo Nase und Mund sitzen.

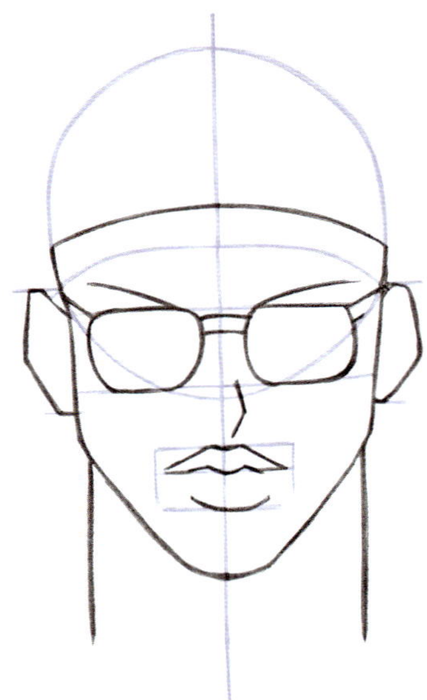

Schritt 3

Nun die schräg stehenden Augenbrauen, die Brille und die Lippen einzeichnen. Diese Details sorgen dafür, dass man D-Boy nicht so leicht vergisst.

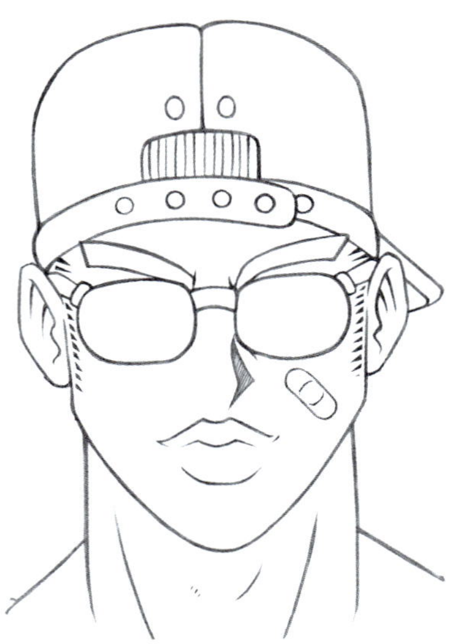

Schritt 4

Jetzt werden Mütze und Gesicht ausgearbeitet. Die Linien am Hals zeigen, dass sich sein Krafttraining gelohnt hat. Dunkle Koteletten lassen ihn männlicher aussehen.

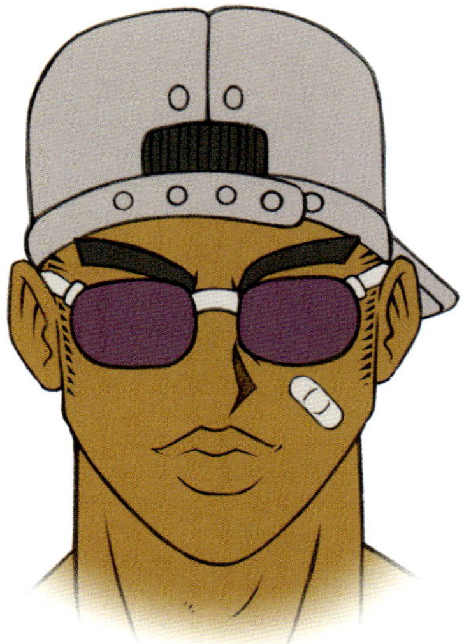

Schritt 5

Durch Farbe wird das Gesicht lebendig. Such eine Hautfarbe aus, die gut zu ihm passt. Farbstifte? Tusche? Marker? Nimm, womit Du am besten zurechtkommst. Die Augenbrauen müssen recht dunkel sein, damit sie ins Auge fallen.

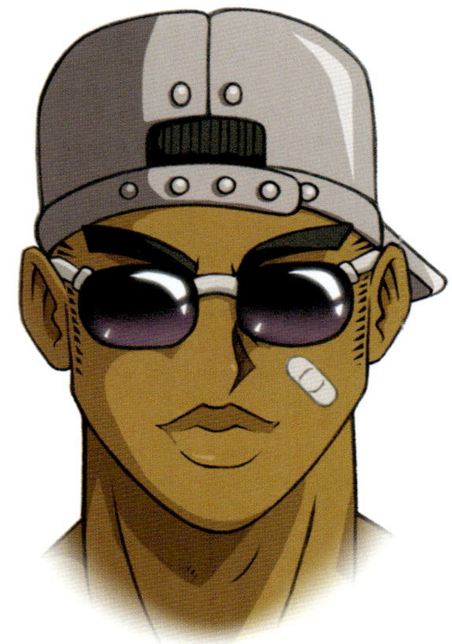

Schritt 6

Du kannst noch Schatten einfügen, damit das Gesicht dreidimensional wirkt. Der dunklere Schatten unter dem Kinn betont den kantigen Kiefer.

MIMIK

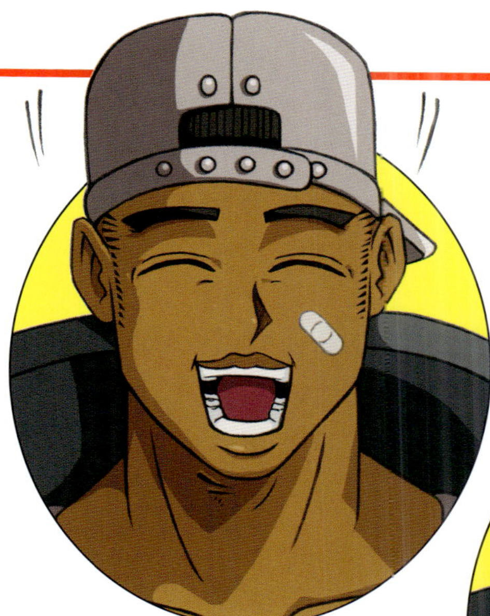

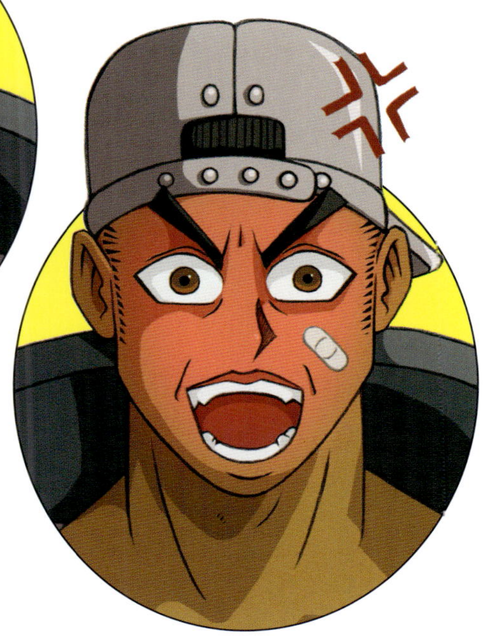

Wenn Du D-Boys Kopf und Gesicht sicher zeichnen kannst, probiere verschiedene Gesichtsausdrücke. Bei den ersten Schritten folgst Du den Grundregeln, die Du schon kennst. Verändert werden vor allem die Einzelheiten, zum Beispiel die Stellung der Augenbrauen und die Form und Größe des Mundes. Sie zeigen, ob er sich schlapp lacht oder vor Wut platzt. Manga-Zeichner stellen die Mimik oft viel deutlicher dar als andere Zeichner. Ein Blick auf Augen, Augenbrauen und Mund verraten zweifelsfrei, in welcher Stimmung eine Manga-Figur ist.

D-BOY

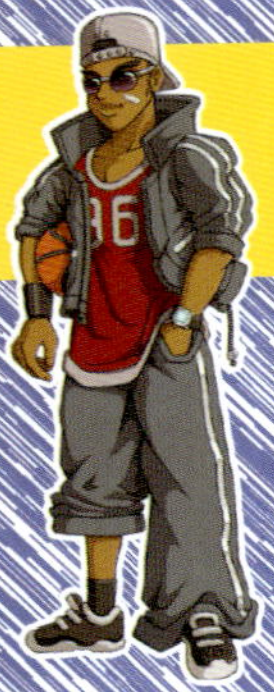

Schritt 1

Zeichne die Grundformen, aus denen der Körper von D-Boy besteht: zuerst den Kopf, dann Brust, Ober- und Unterarme, Ober- und Unterschenkel und die Füße. Denk auch an den Ball, der immer und unbedingt zu D-Boy gehört. Der Kopf sollte fünf- bis sechsmal in den Körper passen.

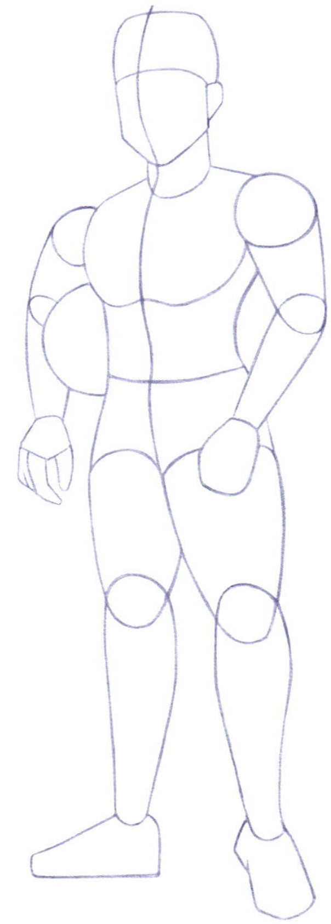

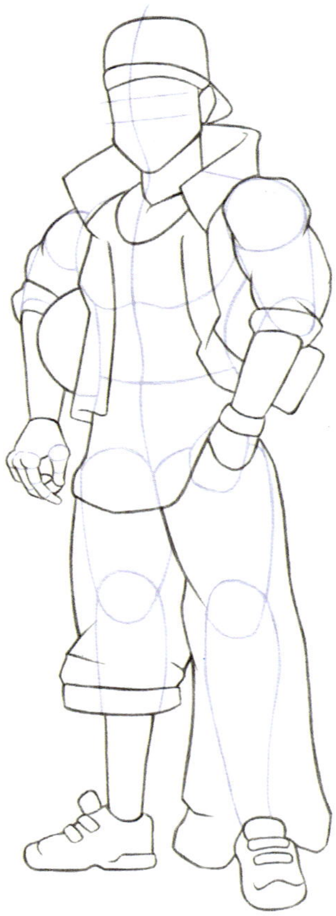

Schritt 2

Jetzt kommen Mütze, Jacke, Hose und Schuhe an die Reihe. Achte darauf, dass das rechte Hosenbein und der rechte Jackenärmel aufgekrempelt sind. Wenn die Kleidung gezeichnet ist, kannst Du einige der Hilfslinien schon wieder ausradieren.

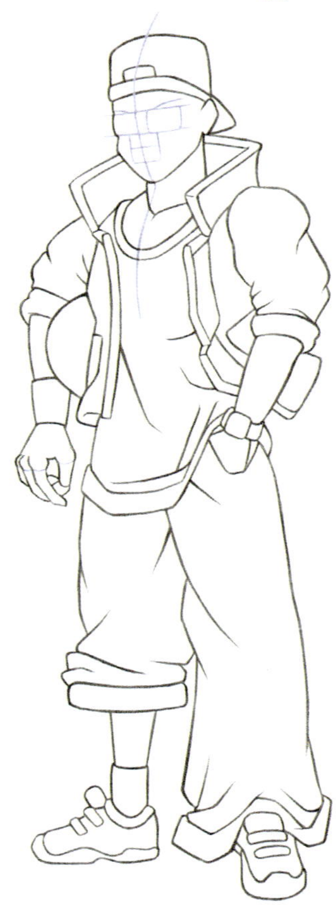

Schritt 3

Allmählich sieht D-Boy ganz schön lässig aus. Aber es fehlen noch die wichtigen Kleinigkeiten: Uhr und Schweißband am Handgelenk, Socken. Deute durch einige Striche an, dass die Kleidung locker sitzt und Falten wirft. Erinnerst Du Dich an die kleinen Rechtecke, die auf Seite 16 als Hilfslinien für das Gesicht verwendet wurden? Zeichne sie wieder ein.

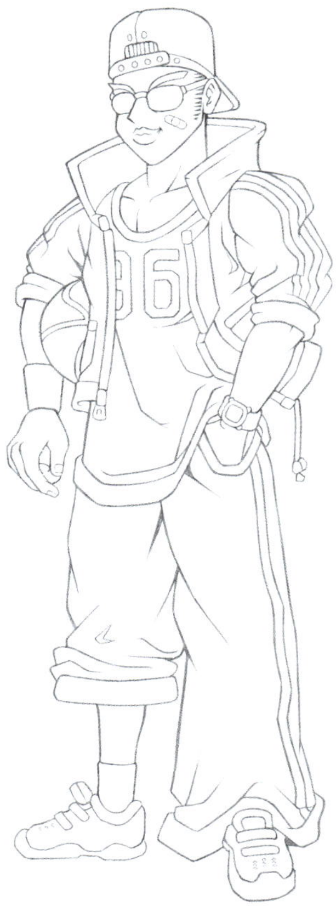

Schritt 4

Zeichne jetzt Augenbrauen, Nase und Mund ein. Deute das Pflaster auf der Wange und die Streifen auf Jackenärmeln und Hosenbeinen an. Ein kurzer Strich auf der Brust, direkt über dem Ausschnitt des T-Shirts, verrät etwas über seine gut trainierten Brustmuskeln.

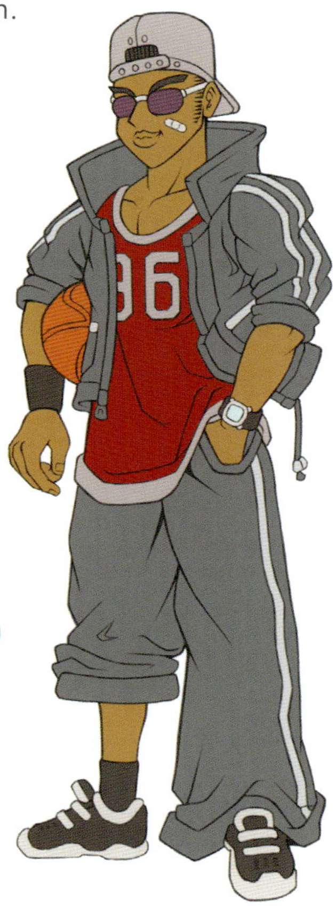

Schritt 5

Jetzt kommt Farbe ins Spiel. Wie Du das Gesicht kolorierst und die Schatten malst, weißt Du schon. Nimm für Jacke und Hose ein mittleres Grau und einen helleren Grauton für die Streifen, die Details der Schuhe und die Nummer auf dem Shirt. Für Schweißband, Uhrenarmband, Schuhe und Socken nimmst Du ein dunkleres Grau.

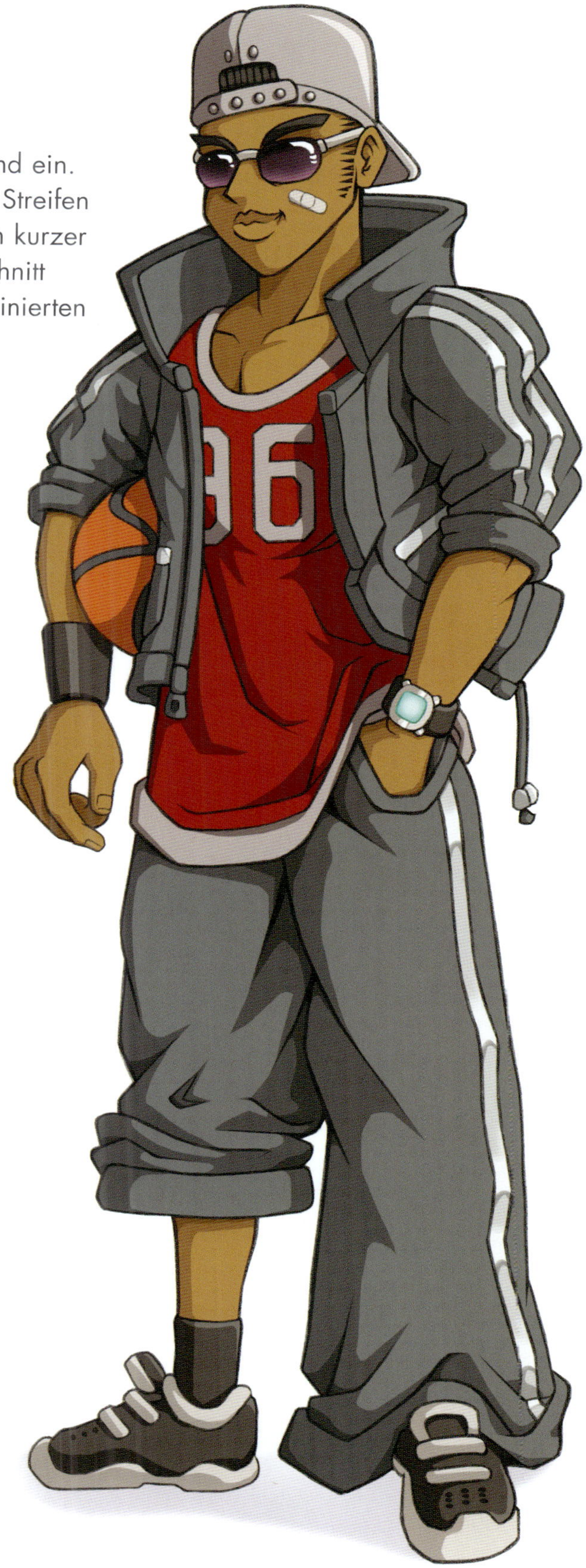

Schritt 6

Durch Schatten auf der rechten (von Dir aus linken) Seite von Gesicht und Hals und in den Falten seiner Kleidung wird D-Boy lebendig.

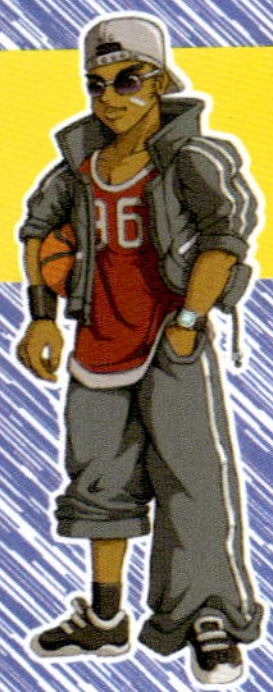

D-BOY

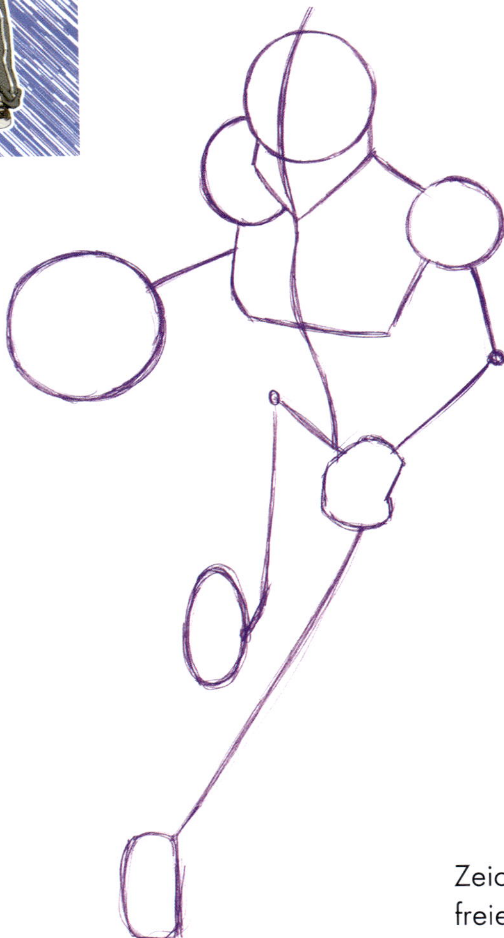

Schritt 1

Ob auf dem Spielfeld oder auf der Straße: D-Boy ist immer in Bewegung. Zeichne zuerst eine Bewegungslinie vom Kopf entlang der Wirbelsäule und am längeren Bein hinab. Durch einfache Kreise deutest Du Kopf, Schultergelenke, Hand und natürlich den unentbehrlichen Ball an.

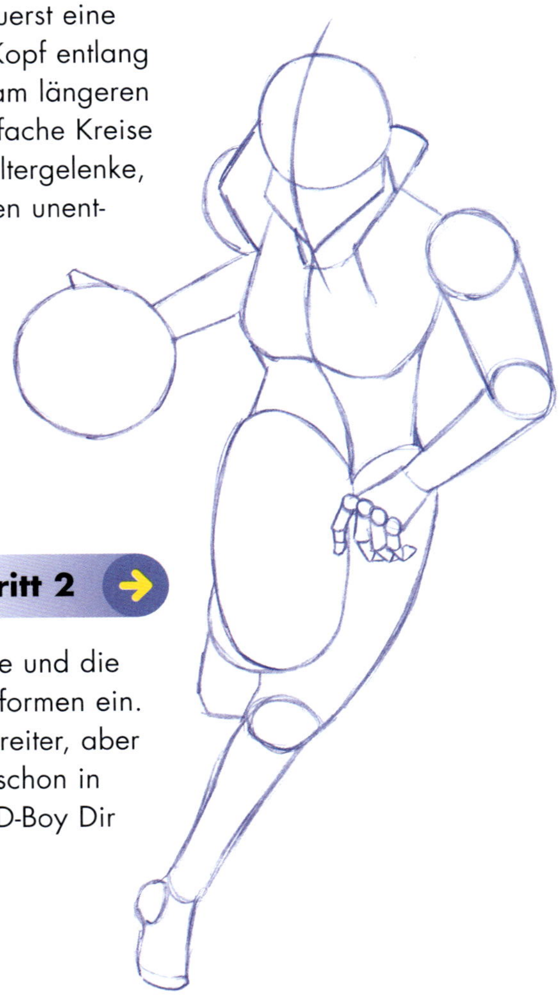

Schritt 2

Zeichne nun die Arme, die Beine und die freie Hand mit einfachen Grundformen ein. Weil der rechte Oberschenkel breiter, aber kürzer als der linke ist, sieht es schon in diesem Stadium aus, als wollte D-Boy Dir vom Papier entgegenspringen.

DETAILS

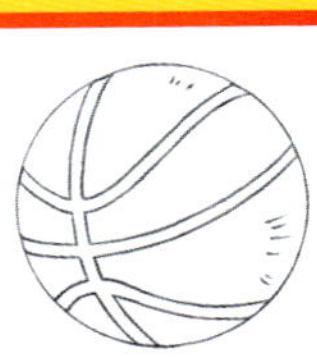

Ohne den Ball geht gar nichts.

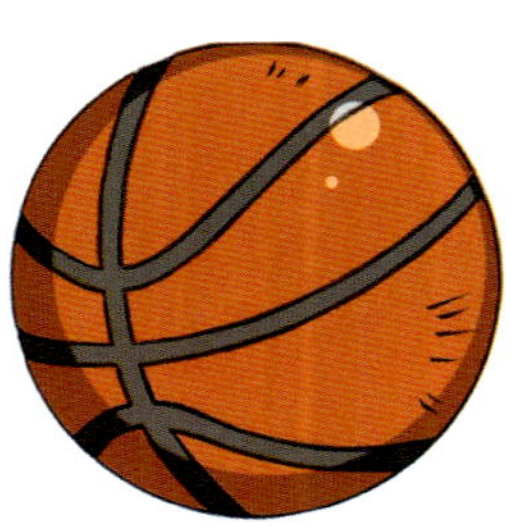

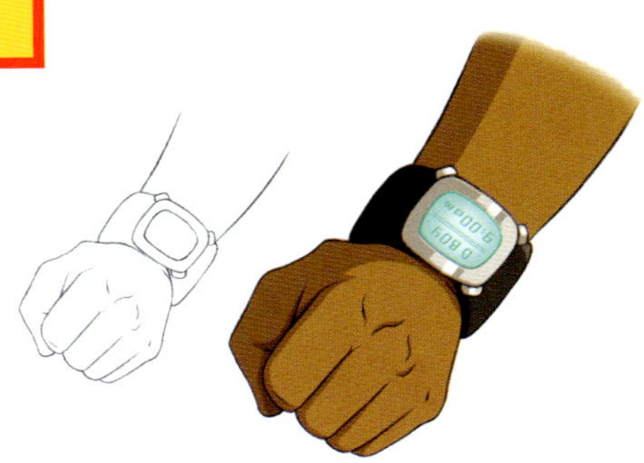

Auch die Uhr ist immer dabei.

Um seine Schuhe wird D-Boy beneidet.

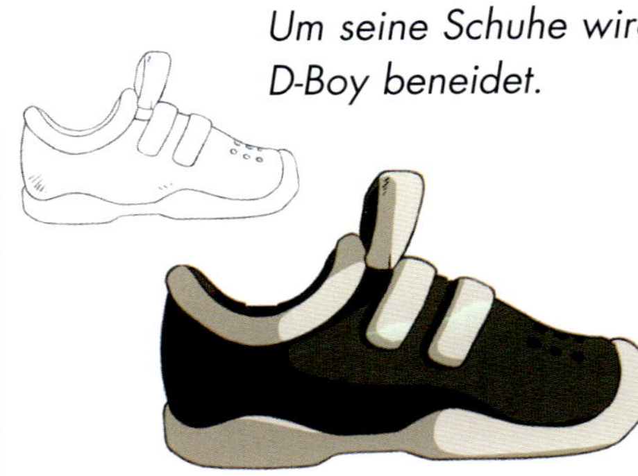

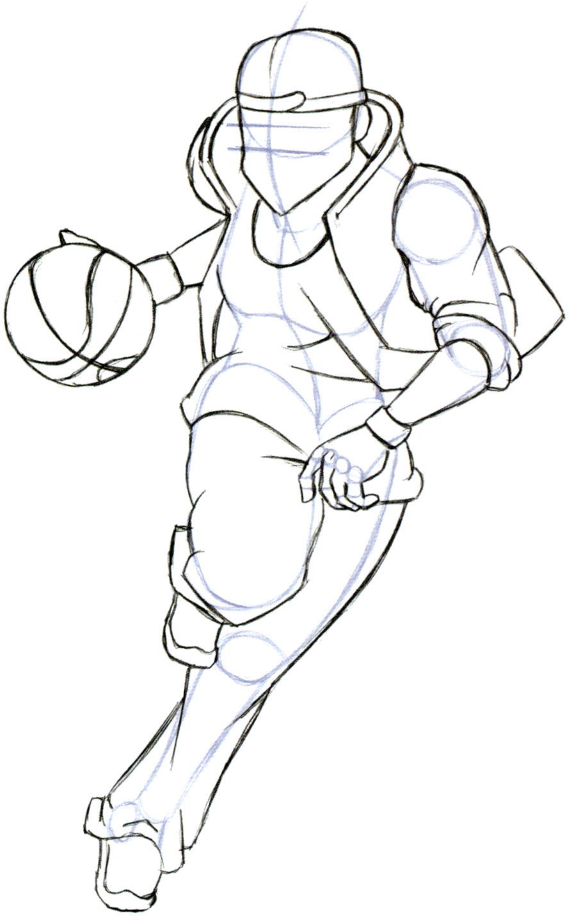

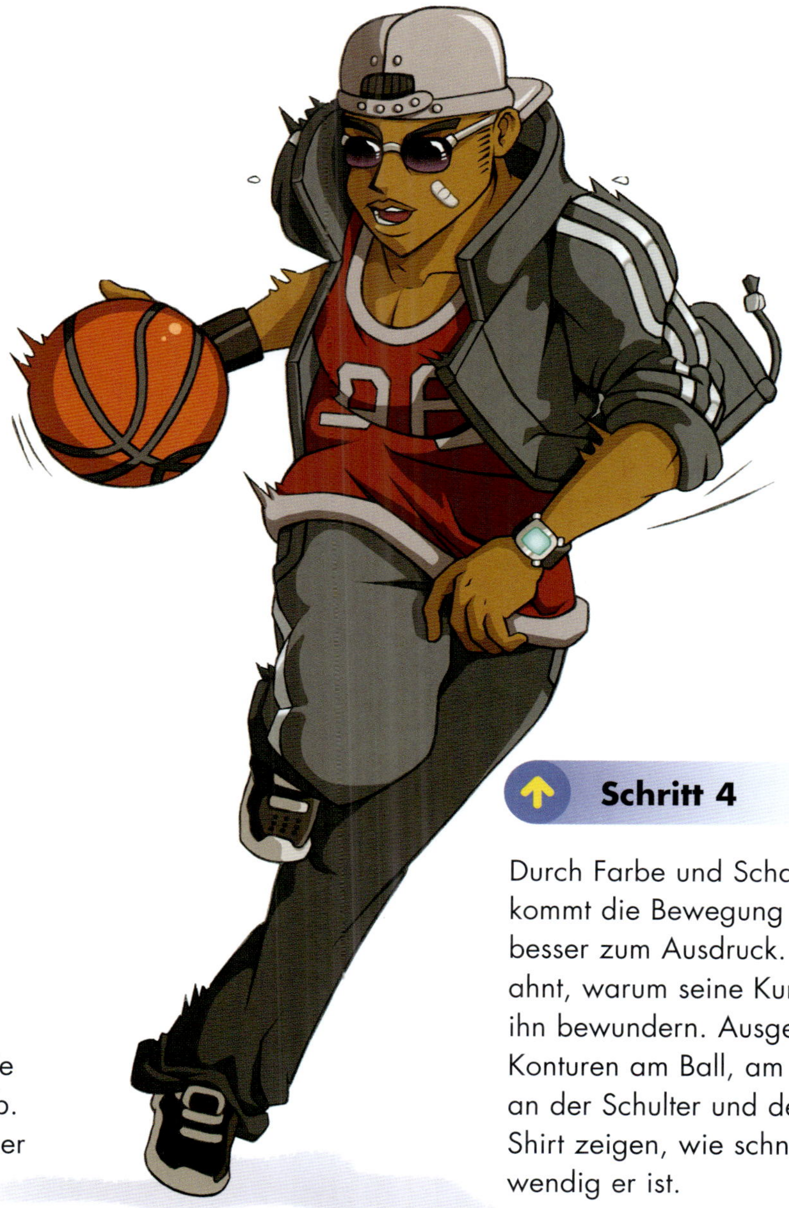

Schritt 3

Zeichne jetzt mit kräftigen Strichen D-Boys Kleidung. Die Jacke flattert hinter ihm und die Beinmuskeln zeichnen sich unter der Hose ab. Es sieht aus, als ob er direkt auf einen Gegner losstürmt. Gegner? Welche Gegner?

Schritt 4

Durch Farbe und Schatten kommt die Bewegung noch besser zum Ausdruck. Man ahnt, warum seine Kumpels ihn bewundern. Ausgefranste Konturen am Ball, am Kragen, an der Schulter und dem Shirt zeigen, wie schnell und wendig er ist.

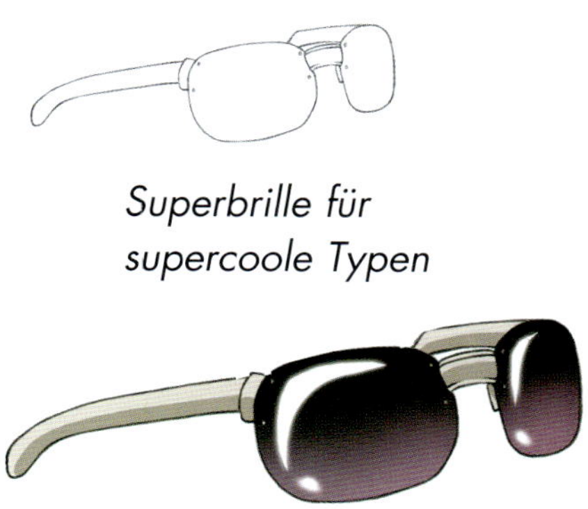

Superbrille für supercoole Typen

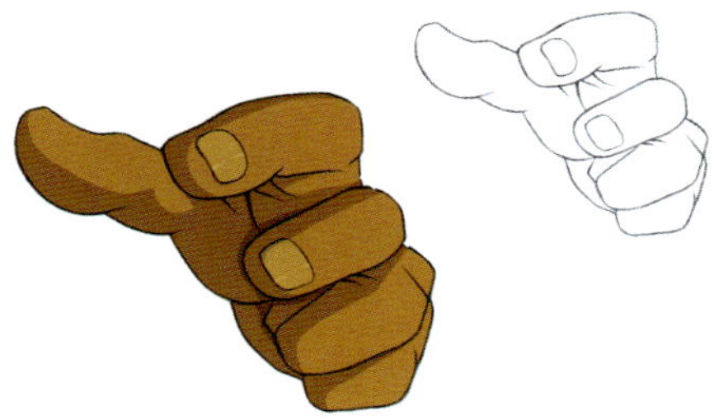

Beim Zeichnen von Händen muss die Position des Daumens stimmen.

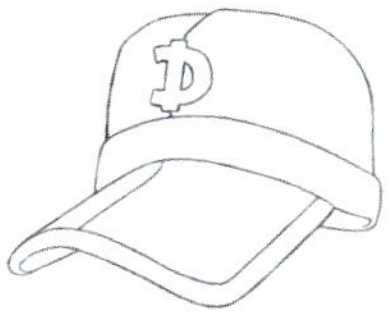

Und obendrauf:

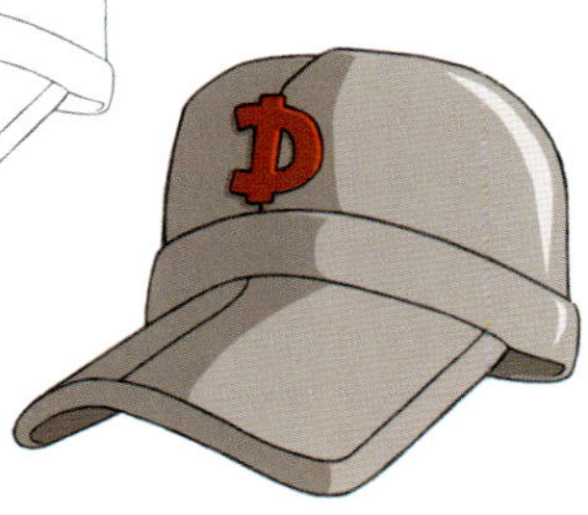

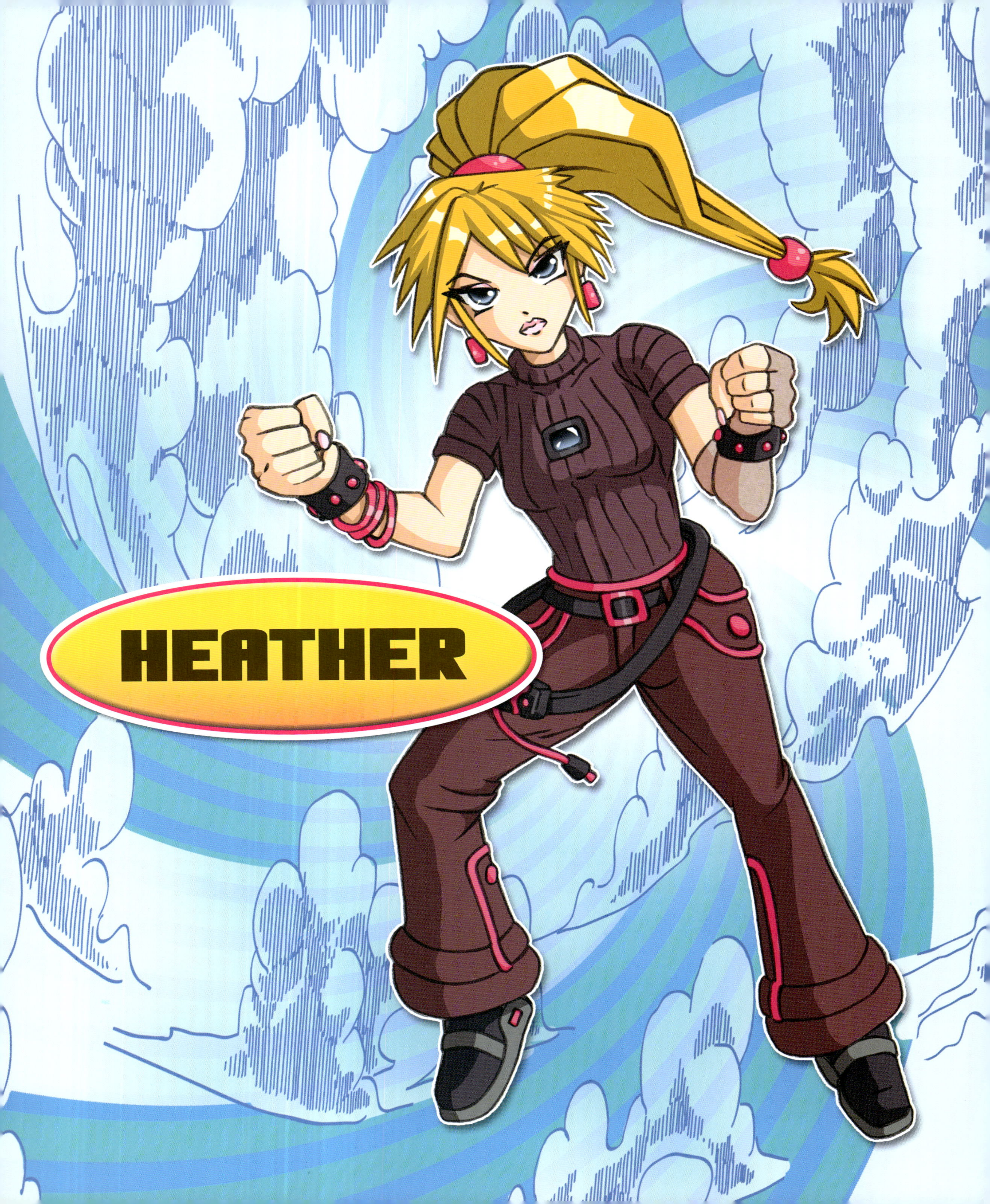
HEATHER

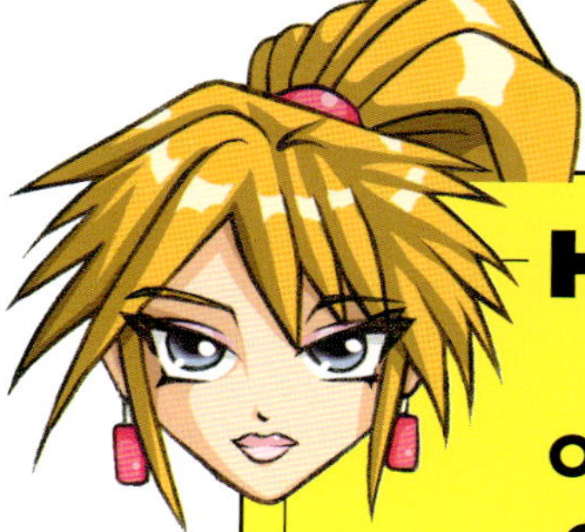

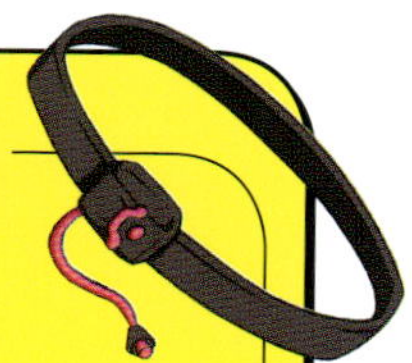

Heather

Alter: 17

Ort: Tokio, Japan

Größe: 1,67 m

Gewicht: 60 kg

Interessen & besondere Fähigkeiten:
Technik, jede Menge Sport, Filme

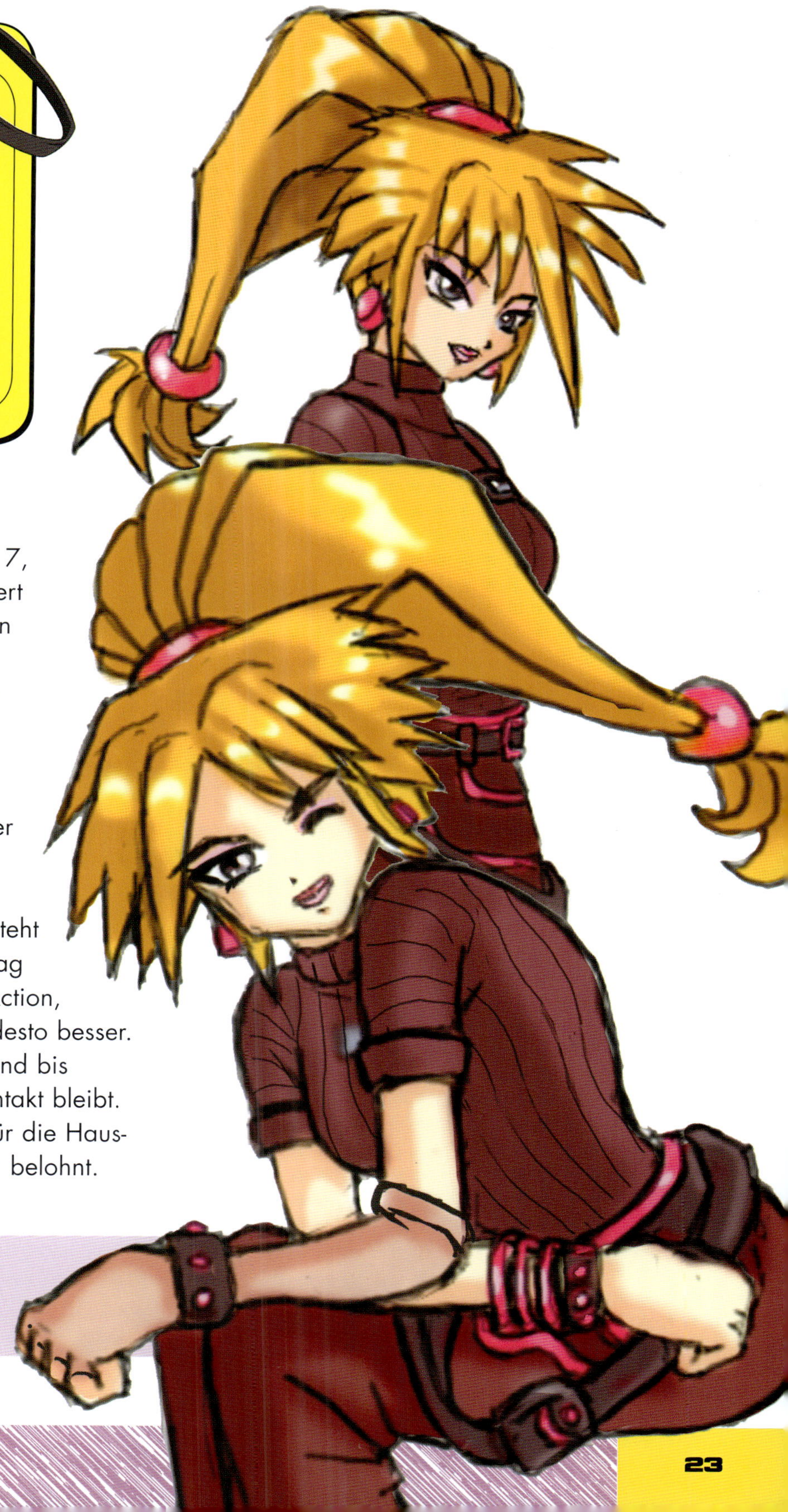

Wie viele Teenager haben eine Feuer speiende Katze und einen Roboter als Hausgehilfen? Heather hat beides. Sie ist 17, also kein kleines Mädchen mehr. Sie trainiert im Studio, schwimmt auf der schnellen Bahn und ist der Star ihres Karate-Clubs.

So tough sie ist: Sie liebt ihren Vater, der Diplomat ist, und zieht mit ihm an jeden Ort, an dem er arbeitet. Zurzeit leben die beiden in der Metropole Tokio. Das gefällt ihr, denn da gibt es jede Menge technischer Spielereien, für die sie sich immer wieder einen Taschengeldvorschuss erbettelt. Und wenn im Kino ein Film mit Kultstatus läuft, steht sie geduldig für ein Ticket Schlange. Sie mag Action, Horror und Sci-fi. Je schneller die Action, je gruseliger der Horror und je Sci das fi, desto besser.

Sie hat Freunde in aller Welt – von Mailand bis Hawaii – mit denen sie über Internet in Kontakt bleibt. Ihr Pa ist froh, dass sie sich trotzdem Zeit für die Hausaufgaben nimmt. Das wird mit guten Noten belohnt.

Diese Zeichnungen zeigen Heathers verschmitzte Seite.

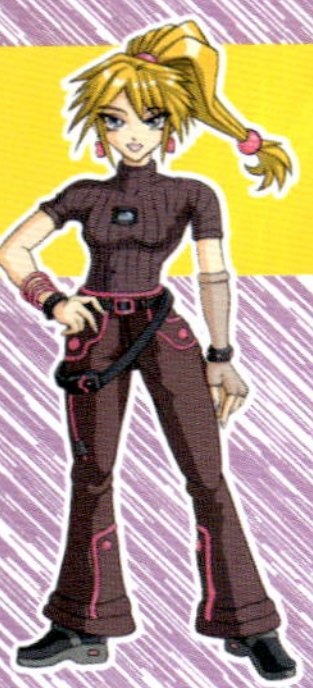

HEATHER

Schritt 1

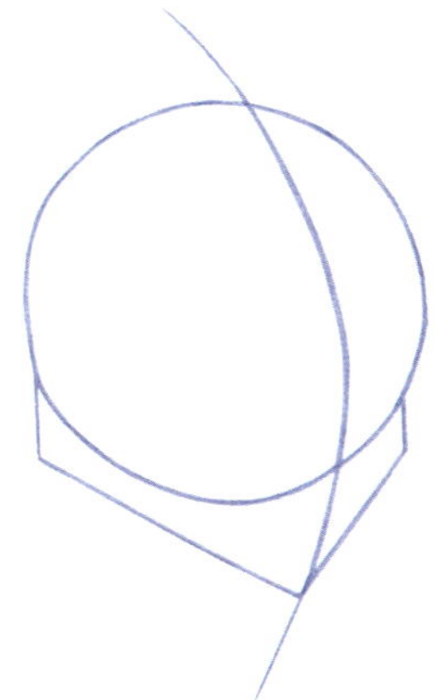

Wenn es Dir hilft, stell Dir die beiden Grundformen von Gesicht und Kinn als Ei vor. Wichtig ist, dass Du viel übst. Dann hast Du bald den Bogen raus und kannst den ersten Zeichenschritt für ganz verschiedene Gesichter wie im Schlaf. Hier ist die Mittellinie des Gesichts etwas zu einer Seite verschoben.

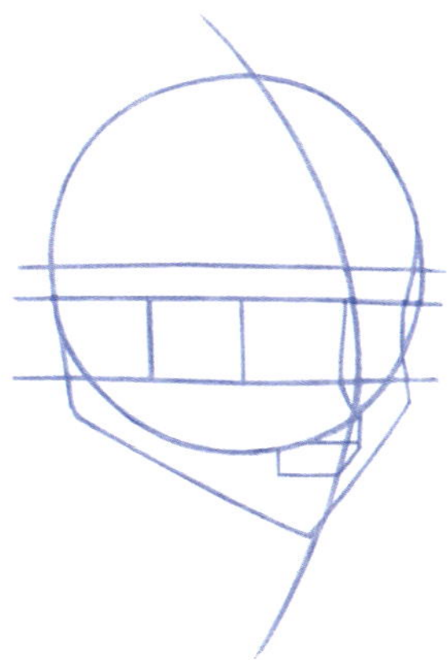

Schritt 2

Zeichne eine Hilfslinie für die Augenhöhe und bereite weitere Details vor. Im Halbprofil ist das abgewandte Auge etwas kleiner und schmaler als das nähere. Das musst Du auch bei den Augenbrauen berücksichtigen. Manga-Mädchen haben immer viel größere Augen als Manga-Jungs, und auch ihre Wimpern sind länger. Die Blickrichtung hängt natürlich davon ab, wen oder was Heather gerade beobachtet.

Schritt 3

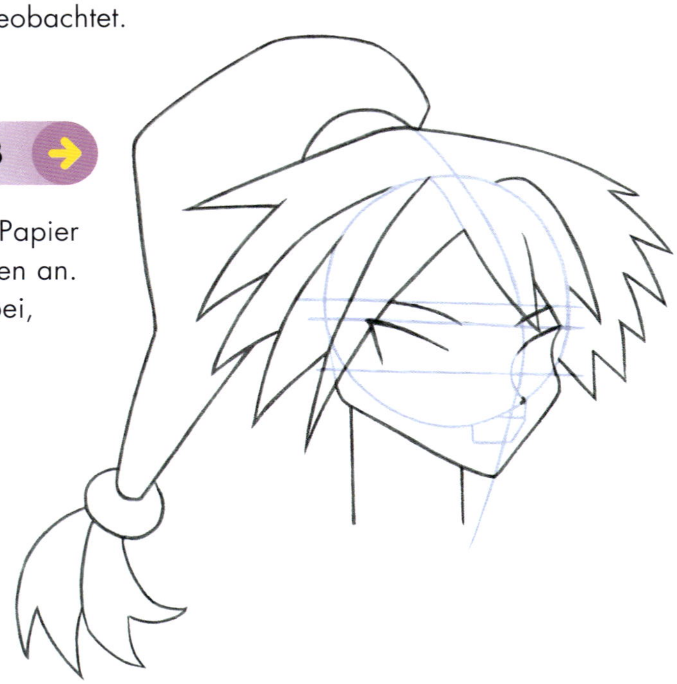

Wenn Du das Halbprofil schwierig findest, halte Dein Papier gegen das Licht und schau Dir die Zeichnung von hinten an. Du siehst sie dann seitenverkehrt. Dieser Trick hilft dabei, Fehler zu entdecken.

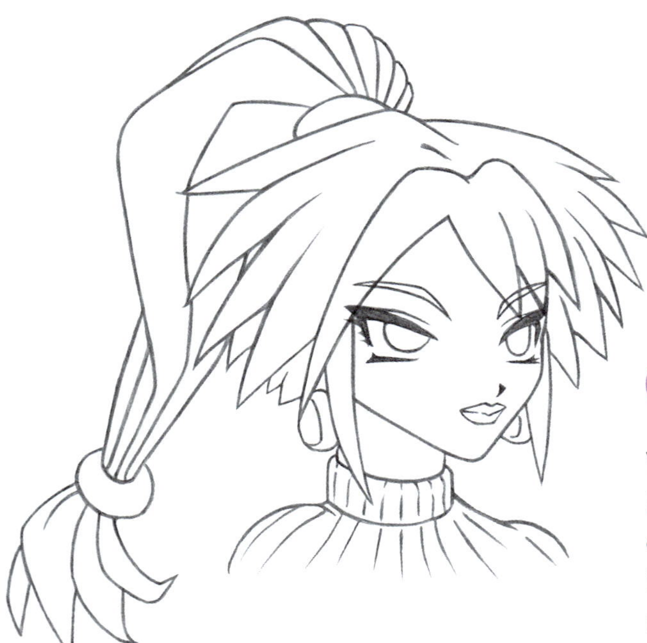

Schritt 4

Wenn die wichtigsten Details gezeichnet sind, kannst Du die Linien nachziehen. Die dichten Wimpern malst Du am besten mit einem Pinselstift. Die Haare sollten aussehen, als würden sie aus ihrem Kopf wachsen (wie in Wirklichkeit) – und nicht wie eine nachträglich aufgestülpte Mütze.

KOPF

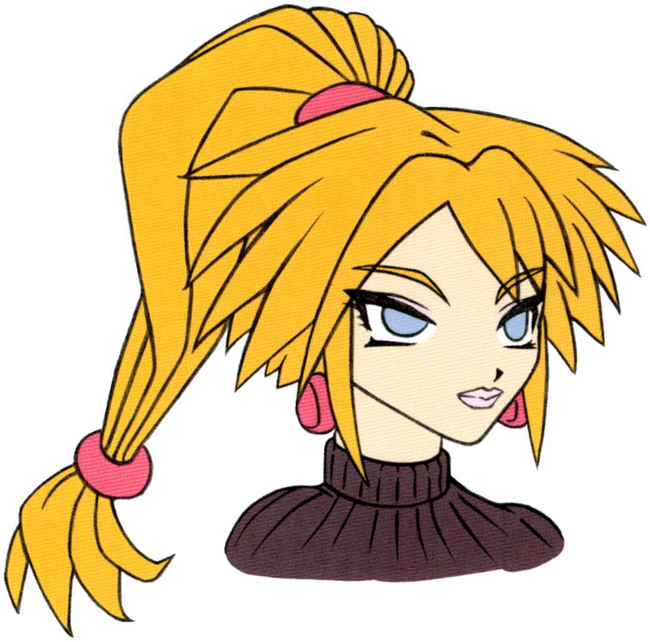

Schritt 5

Nachdem die Konturen gezeichnet sind, kommt der erste Arbeitsgang mit Farbe. Die Position und Größe der Pupillen macht viel aus. Achte darauf, dass beide auf denselben Punkt gerichtet sind, damit klar ist, wohin Heather schaut. Ihre Nase ist im Grunde nur ein winziges schwarzes Dreieck.

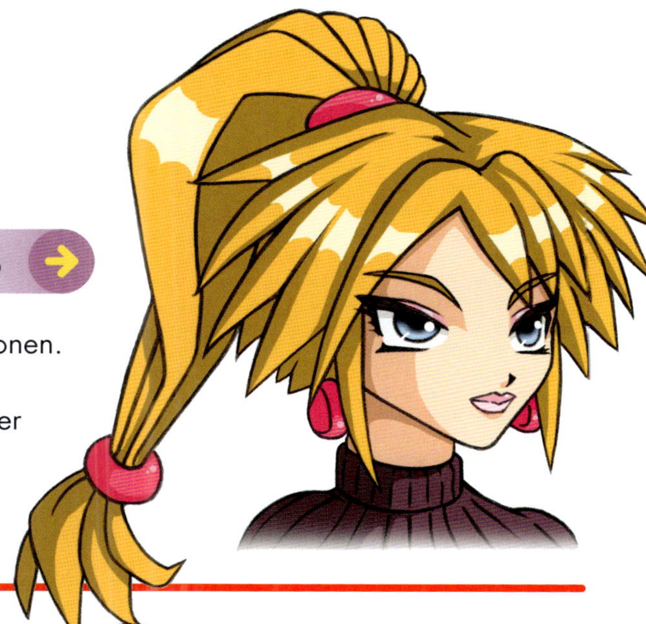

Schritt 6

Es gibt verschiedene Möglichkeiten, die Augen zu betonen. Hier werden sie durch starke Lichtreflexe zum Strahlen gebracht. Zeichne helle Lichtreflexe auf die Bereiche der Haare, auf die das Licht fällt.

MIMIK

Natürlich ist Heather nicht begeistert, wenn ein Umzug ansteht und sie ihre Freunde zurücklassen muss. Am gesenkten Blick, den herabgezogenen Mundwinkeln und der gerunzelten Stirn ist zu erkennen, wie traurig sie ist. Und die verlaufende Wimperntusche lässt gar keinen Zweifel mehr an ihrer Stimmung.

Aber Heather ist nie lange traurig. Gehobene Augenbrauen, weit offene Augen, glänzende Pupillen und ein offener Mund sind klare Zeichen, dass sie vor guter Laune sprüht.

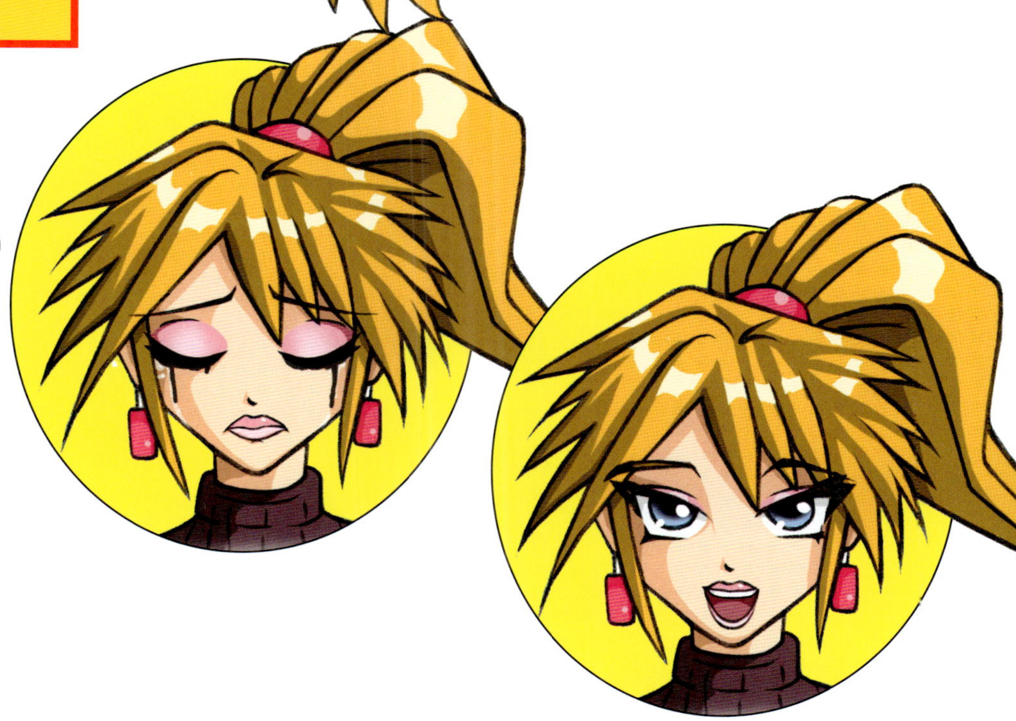

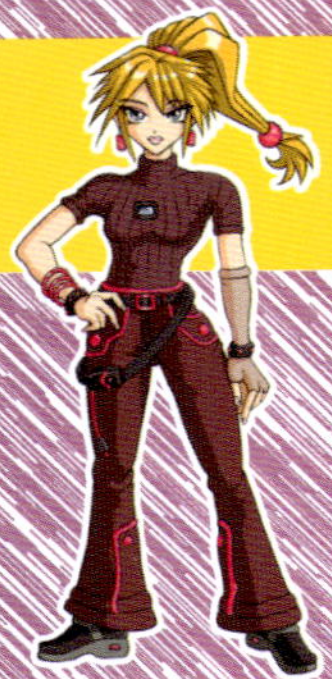

HEATHER

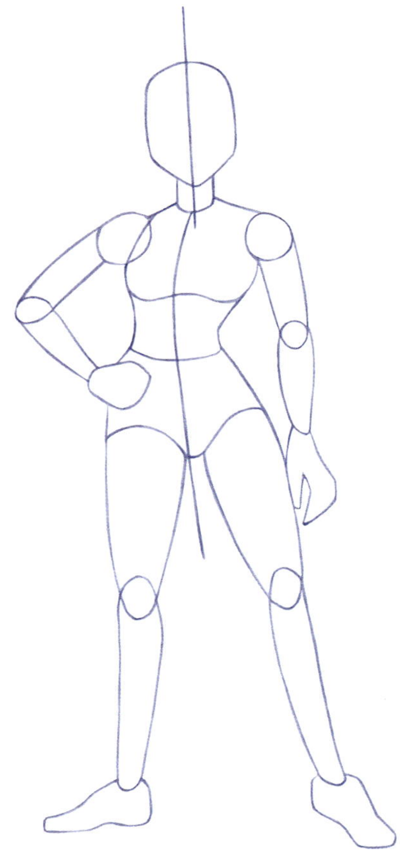

Schritt 1

Die erste Skizze gibt schon einen guten Eindruck von Heathers Körperbau. Die Hand ist auf die Hüfte gestützt, denn dies wird eine angriffslustige Haltung. Das Ellenbogengelenk liegt oberhalb des Beckens etwas über Taillenhöhe.

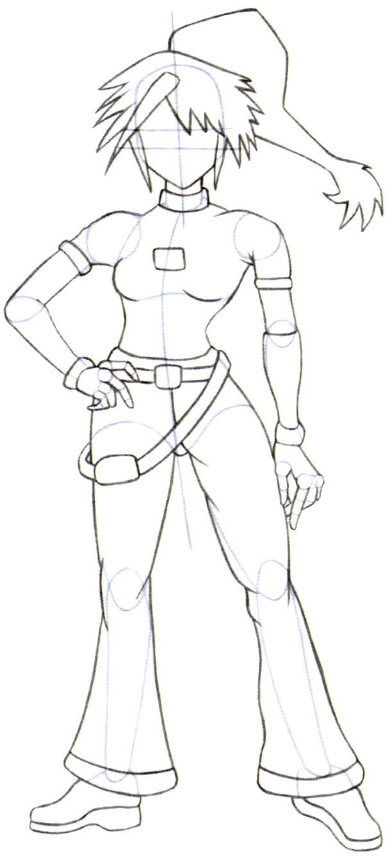

Schritt 2

Der Arm ist etwa 2½ Kopfhöhen lang. Bei ausgestreckt herabhängendem Arm liegt das Handgelenk am Anfang des Oberschenkels. Zwei sanfte Kurven am Körper, etwa auf halber Höhe des Oberarms, deuten ihre schlanke, durchtrainierte Figur an. Wenn Dir die Zeichnung gefällt und Du nichts mehr berichtigen willst, kannst Du die Konturen und einige Details der Kleidung mit Schwarz nachzeichnen.

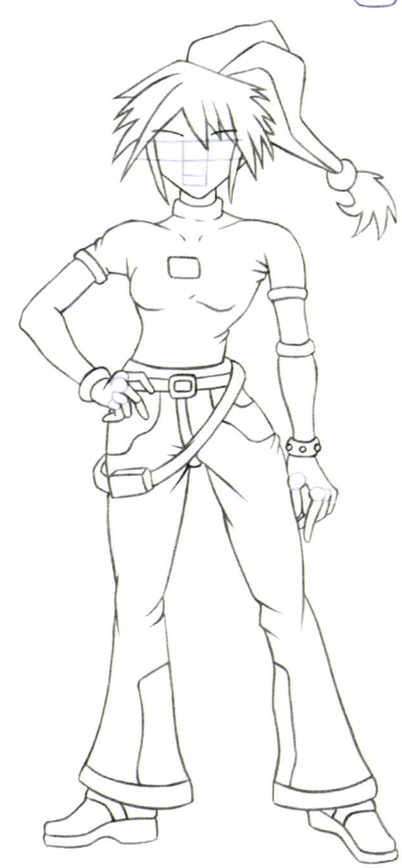

Schritt 3

Hände sind zugegebenermaßen schwierig zu zeichnen. Selbst erfahrene Zeichner tun sich damit schwer. Schon mal darüber nachgedacht, warum Micky Maus immer Handschuhe trägt? Wir haben uns hier auf die Hände konzentriert, bevor wir mit Augen und Mund begonnen haben. Sie soll geradeaus schauen, also müssen beide Augen gleich groß und symmetrisch sein.

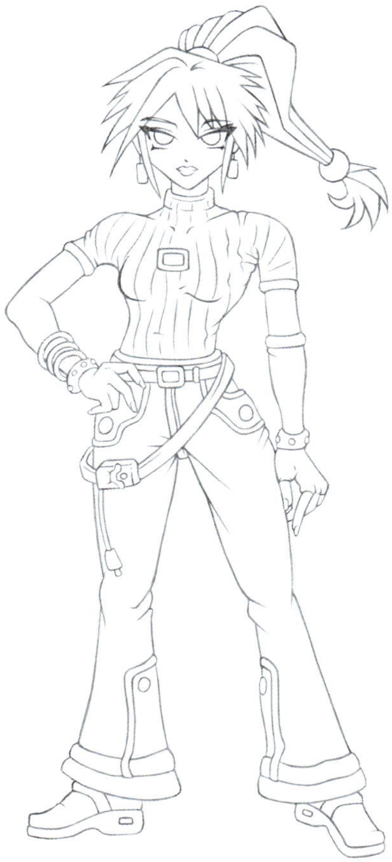

Schritt 4

Die Hand auf die Hüfte gestützt, das Gewicht auf ihrem rechten Standbein – jetzt ist die angriffslustige Haltung gut zu erkennen. Und nachdem alle schwarzen Konturen gezeichnet sind, können wir überlegen, welche Farben sie sich wohl aussuchen würde.

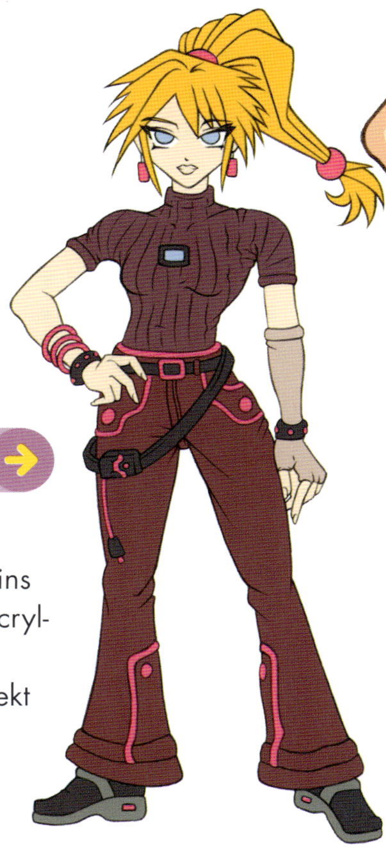

Schritt 5

Es gibt viele Materialien zum Kolorieren. Für Manga-Figuren solltest Du Dich auf eins beschränken. Wenn Du beispielsweise Acryl- und Aquarellfarben kombinierst, besteht die Gefahr, dass der typische Manga-Effekt verloren geht. Du kannst aber farbige Konturlinien zeichnen.

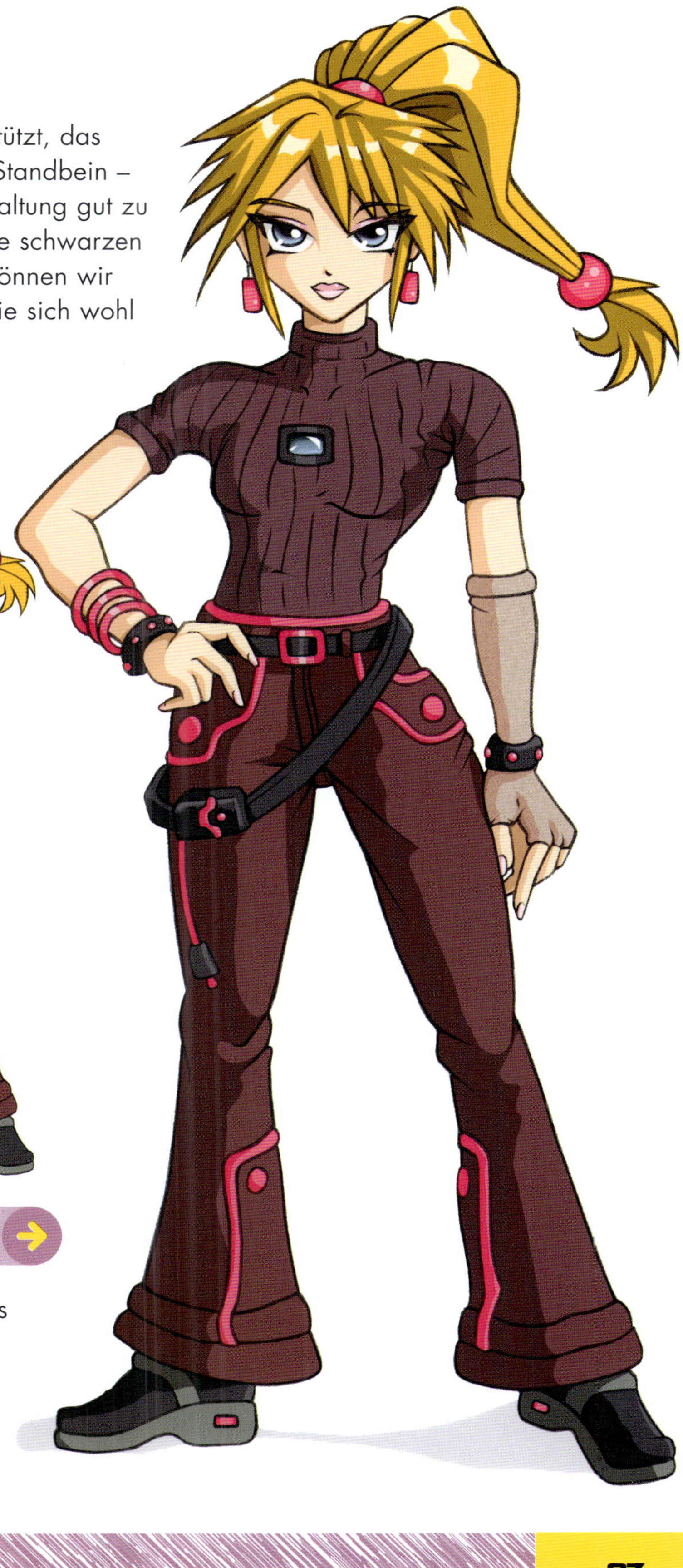

Schritt 6

Zeichne nicht zu viele Schatten ins Gesicht, sonst kann es leicht unübersichtlich werden. Hier kommt das Licht von rechts, also liegt die linke Seite des Oberkörpers und beider Beine im Schatten. Auch für die dreidimensionale Wirkung der Figur sind Schatten wichtig.

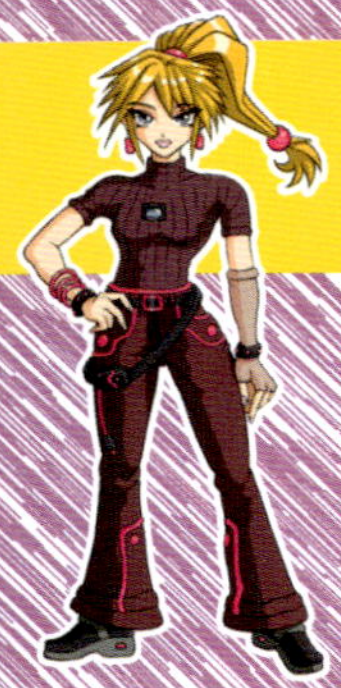

HEATHER

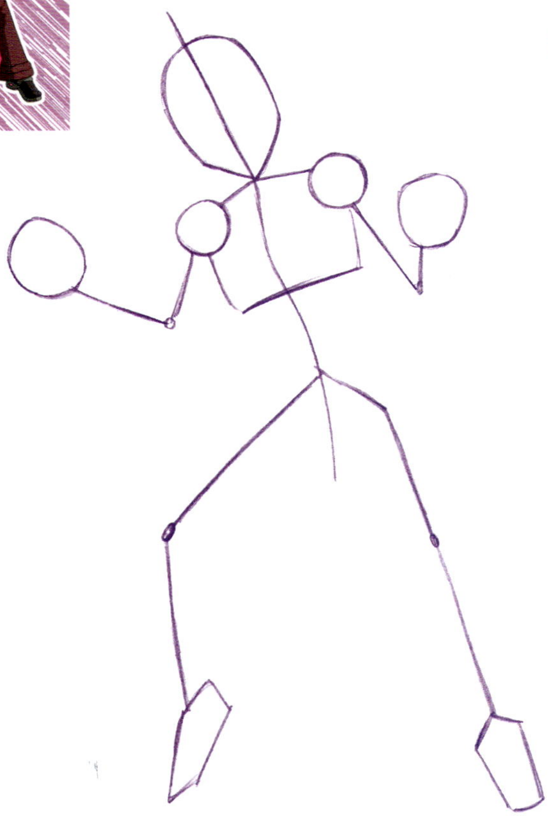

Schritt 1

Die Strichfigur hilft nicht nur dabei, die Körperhaltung festzulegen. Sie erleichtert es auch, die Proportionen von Anfang an richtig zu erfassen. Ein ausgestrecktes Bein ist beispielsweise halb so lang wie die ganze Figur. In diesem Stadium ist es noch einfach, die Zeichnung zu verändern oder zu berichtigen, bis die Relationen stimmen.

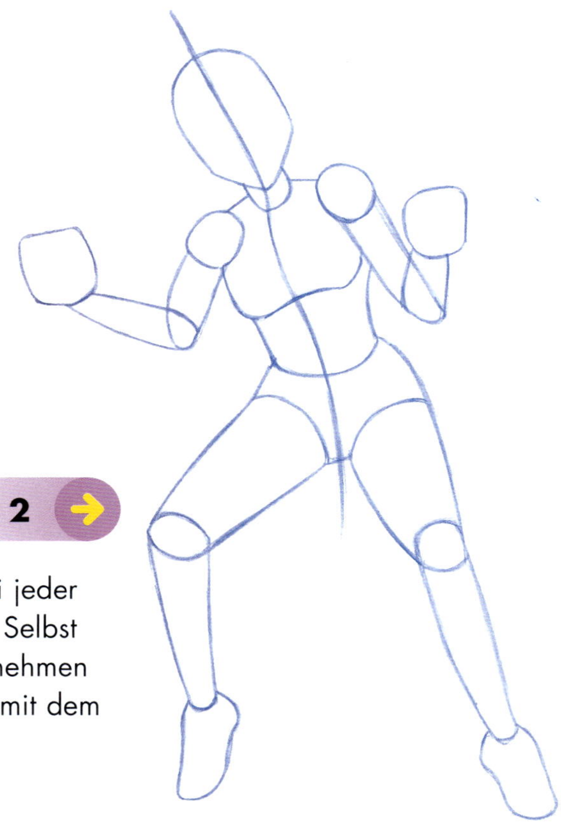

Schritt 2

Manga-Mädchen haben eine sehr schmale Taille. Berücksichtige das bei jeder Zeichnung, auch wenn man es im fertigen Bild vielleicht gar nicht sieht. Selbst erfahrene Manga-Zeichner überspringen keinen Arbeitsschritt, sondern nehmen sich für jeden reichlich Zeit und packen den nächsten erst an, wenn sie mit dem Ergebnis des vorherigen 100 %ig zufrieden sind.

DETAILS

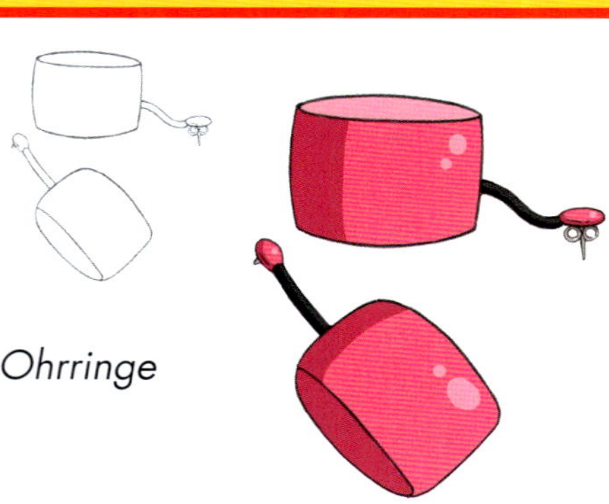

Ohrringe

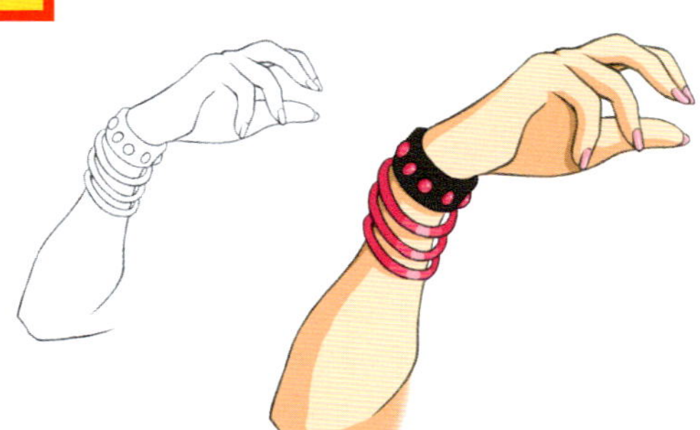

Armbänder

Schuhe für den guten Auftritt

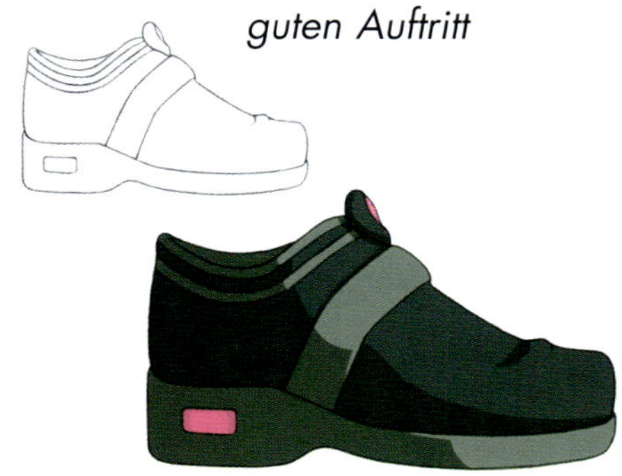

ACTION

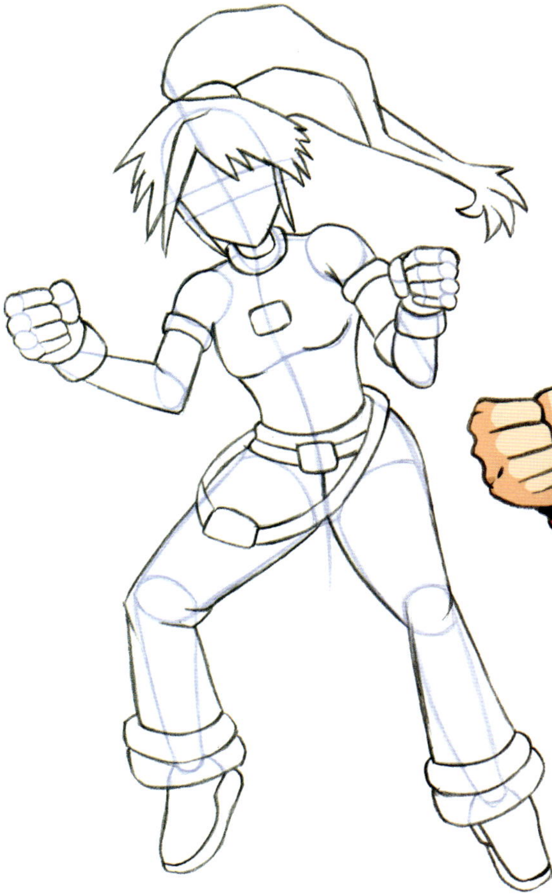

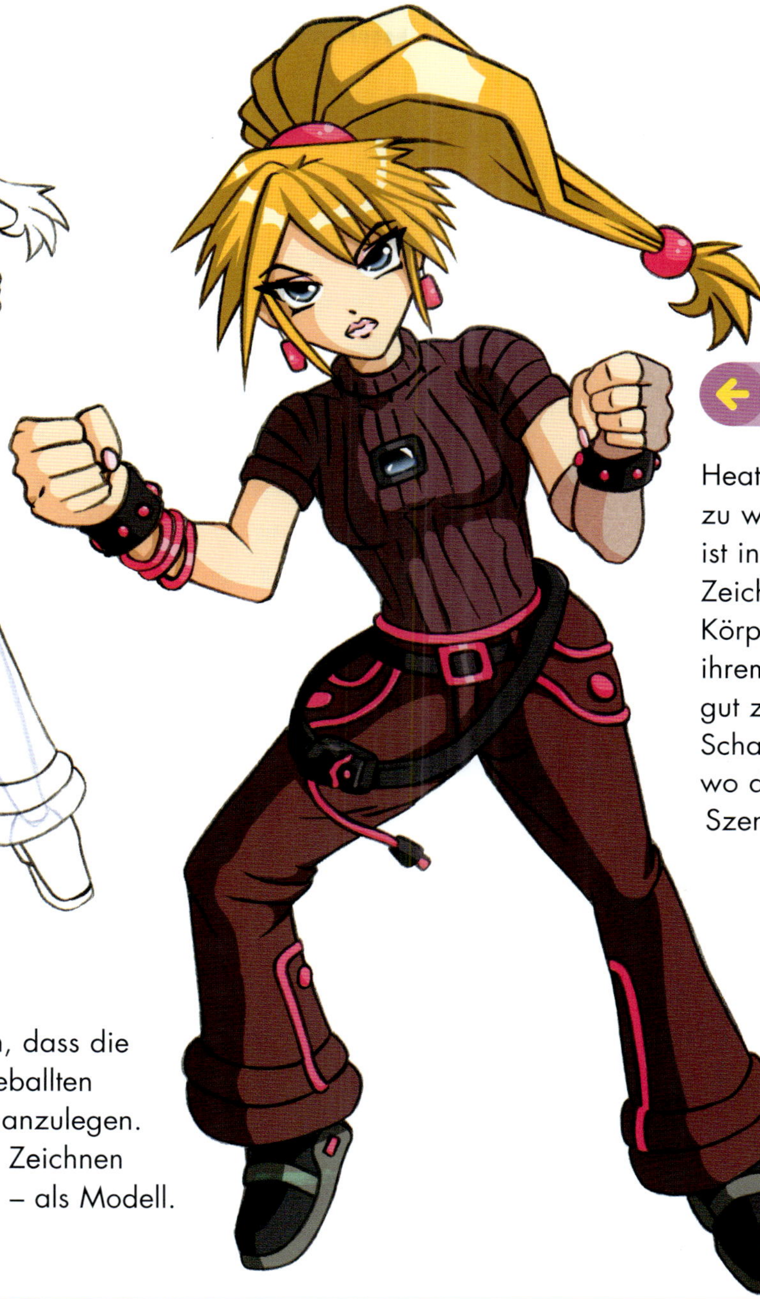

Schritt 4

Heather weiß sich zu wehren – das ist in der fertigen Zeichnung an ihrer Körperhaltung und ihrem Gesichtsausdruck gut zu erkennen. Die Schatten zeigen, von wo das Licht auf die Szene fällt.

Schritt 3

Die schwingenden Haaren zeigen, dass die Figur in Bewegung ist. Und die geballten Fäuste warnen jeden, sich mit ihr anzulegen. Wenn es Dir hilft, kannst Du beim Zeichnen Deine freie Hand zur Faust ballen – als Modell.

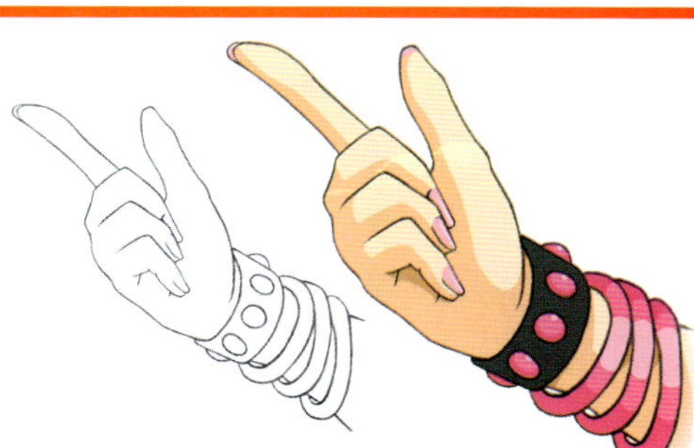

Armreifen und Nagellack sind ein guter Kontrast zu ihrem toughen Aussehen.

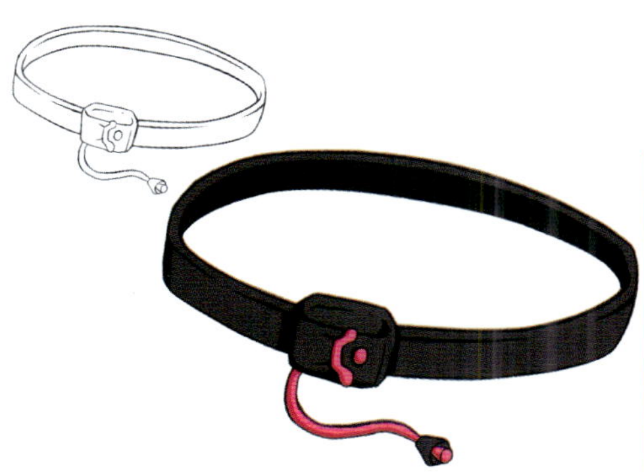

Den Gürtel trägt sie immer locker.

Die einzelne, lange Armstulpe ist ein besonderes Detail.

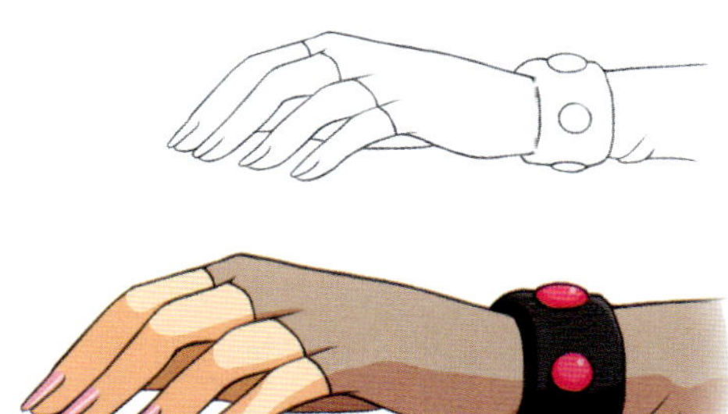

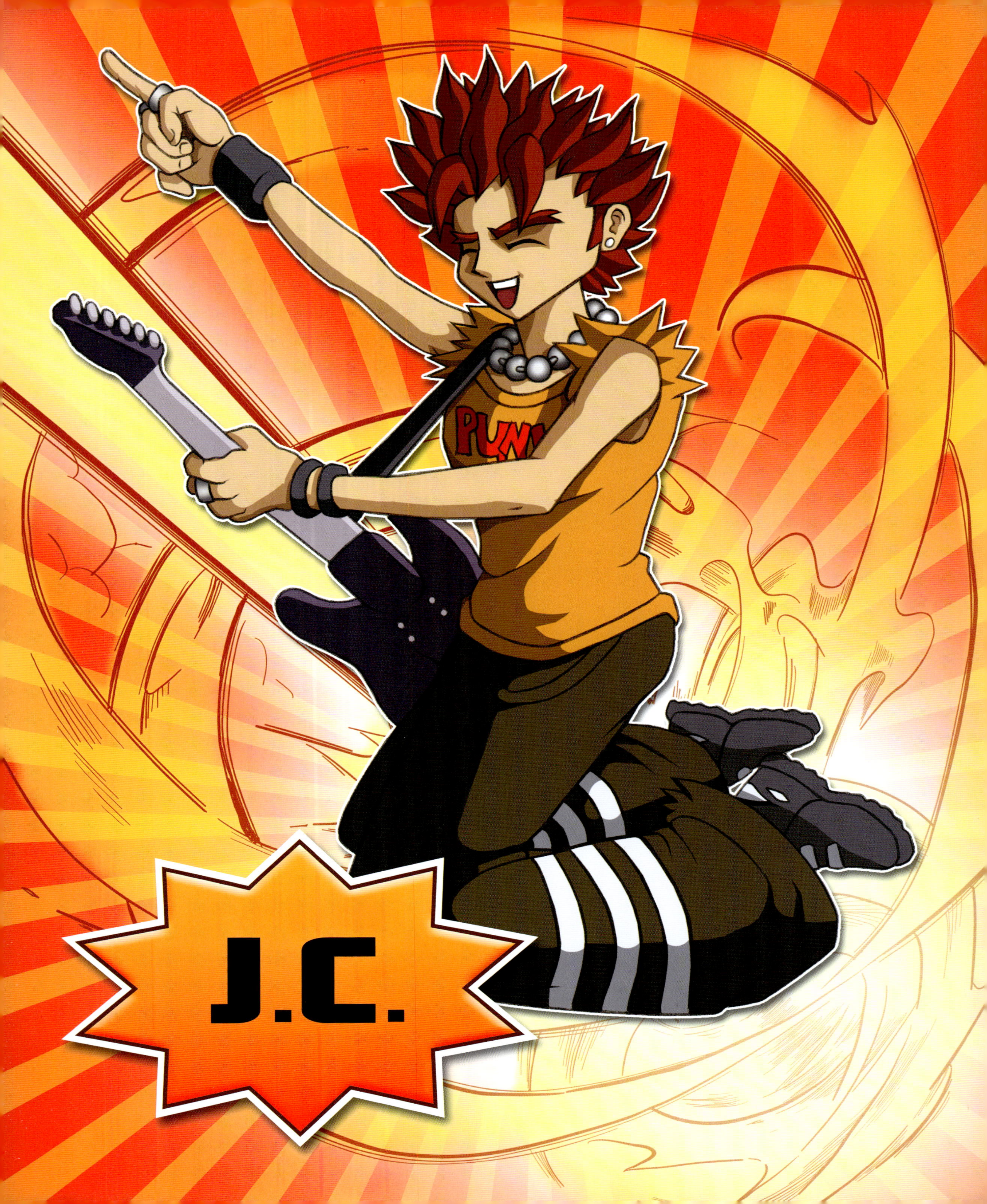
J.C.

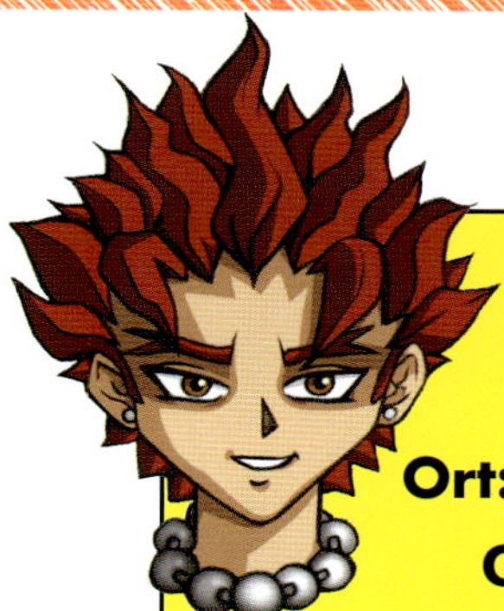

J.C.

Alter: 15

Ort: London, England

Größe: 1,77 m

Gewicht: 63 kg

Interessen & besondere Fähigkeiten:
Spielt in seiner Band Gitarre und singt, schreibt Songs.

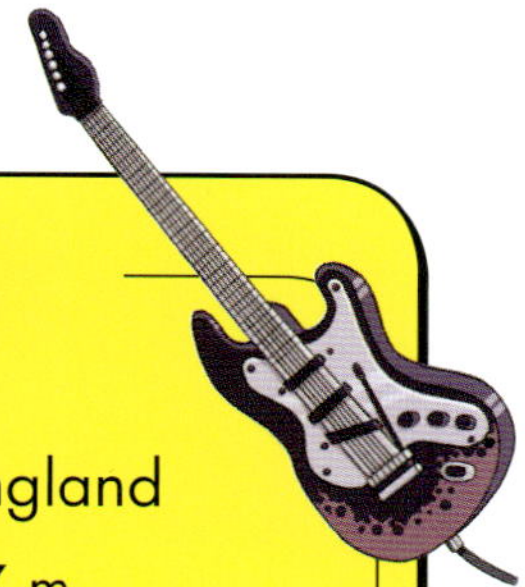

J.C. ist fünfzehn. Er möchte gern berühmt werden. Er träumt von Konzerten mit kreischenden Mädchen und von Jungs, die seine Frisur nachahmen. Aber in Wirklichkeit tritt er nur im Stadtteil auf und macht Hausaufgaben, wie alle anderen auch.

Seine Eltern amüsieren sich im Stillen, aber sie unterstützen ihn. Sie wünschen sich, dass er glücklich wird und vorankommt – egal in welchem Beruf. Sie wissen, dass er ein gutes Herz hat, das auch durch Erfolg nicht verdorben wird.

J.C. liebt Musik. Er kann nicht ohne. Wenn er gerade nicht auftritt, übt er Riffs auf seiner Gitarre, und wenn man ihn nicht hört, schreibt er vielleicht an einem neuen Song. Oder er steht vor dem Spiegel und versucht, seine Haare noch stacheliger zu stylen.

Und wenn J.C. nicht an seine Karriere schnitzt, hockt er gern mit Freunden zusammen. Nach den Bandproben kommen oft Freunde vorbei, um gemeinsam mit ihm Pizza zu essen, zu quatschen oder MTV zu sehen. Seine beste Freundin ist Kimi, die Du als Nächstes kennenlernst. J.C. und Kimi kennen sich schon ewig. Dass sie jetzt in Kanada wohnt, ist mit dem Internet kein Problem. Neue Songs bekommt sie immer als Erste zu hören. Sie ist J.C.s größter Fan.

Aber J.C. meint es mit der Karriere richtig ernst! Er hängt nie lange herum. Nach einer Stunde schnappt er sich seine Gitarre, macht die Finger warm und ruft: „Okay, Leute, let's rrrock!"

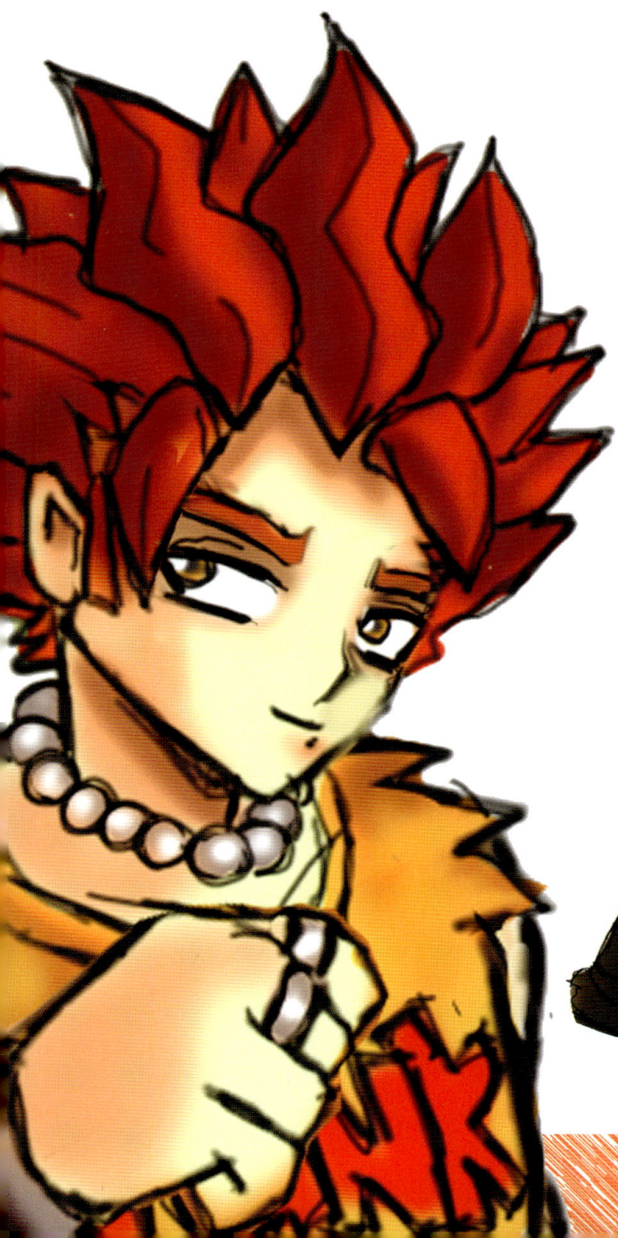

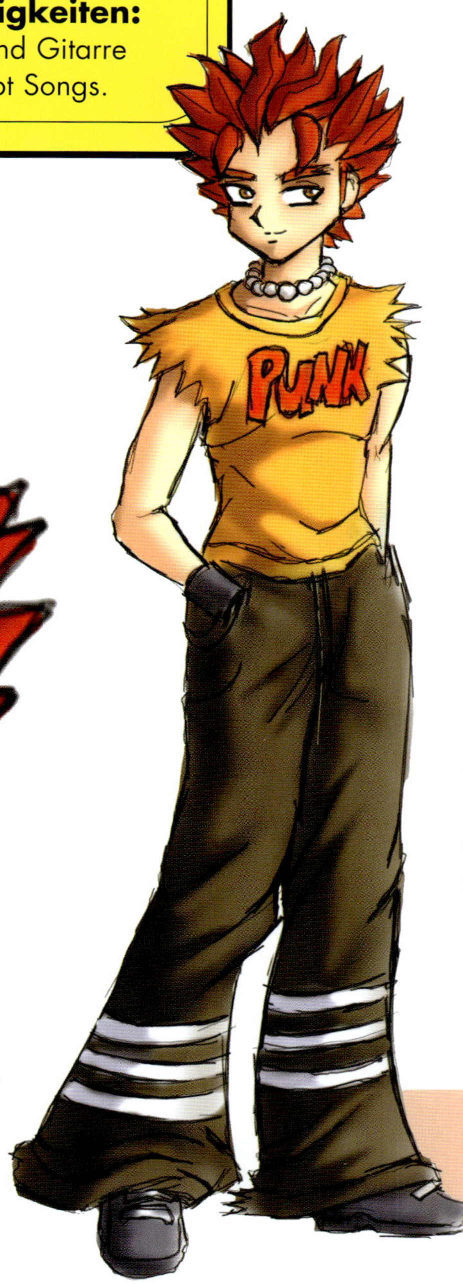

Hier probiert J.C. coole Posen für das Cover seiner CD aus.

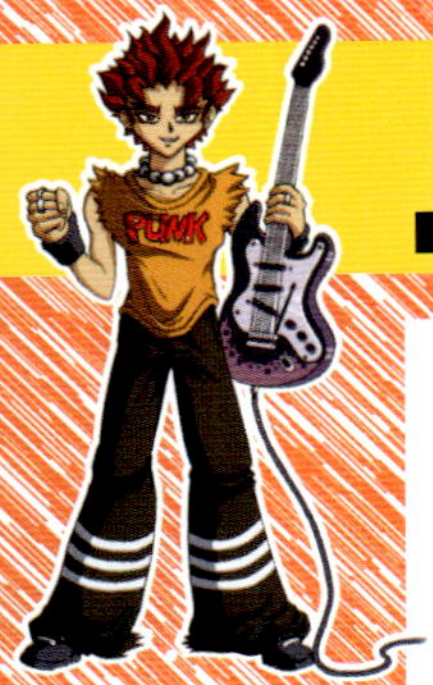

J.C.

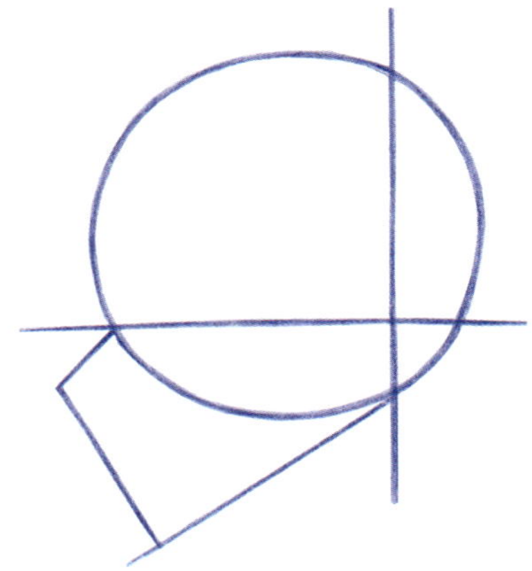

Schritt 1

Zeichne zuerst einen Kreis und dann ein Kreuz. Die Senkrechte liegt weit rechts, die Waagerechte weit unten im Kreis. Hänge dort, wo die Senkrechte den Kreis schneidet, ein schräg nach links unten gerichtetes Stück eines Rechtecks an.

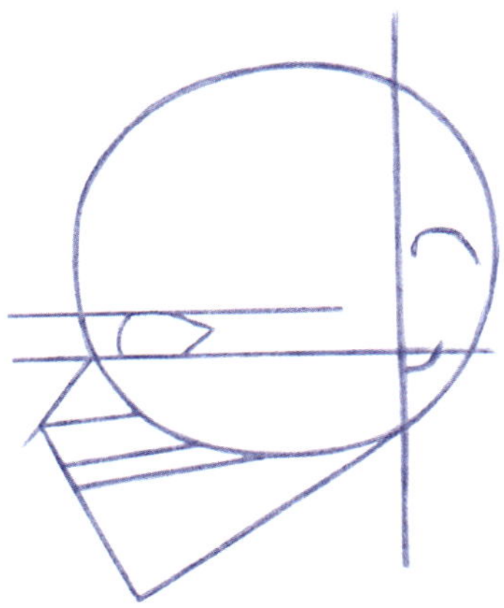

Schritt 2

Die obere Ecke des Rechtecks wird J.C.s Nase, die untere seine Kinnspitze. Zeichne mit zwei Strichen an, wo der Mund sitzt. Der untere Rand der Augen liegt auf der waagerechten Linie, das Ohr ist rechts von der Senkrechten.

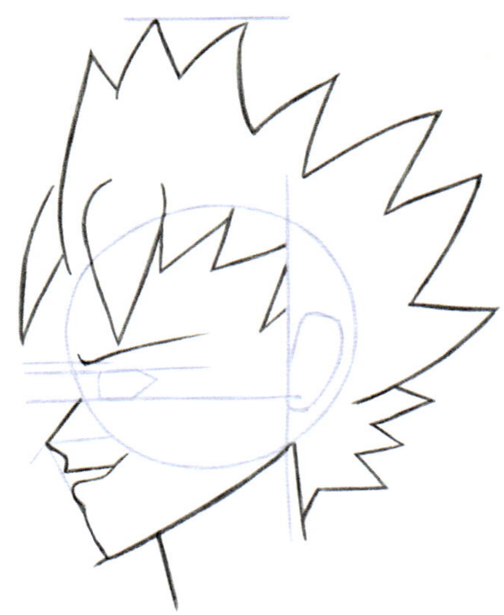

Schritt 3

Zeichne den unteren Teil des Gesichts – Nase, Lippen, Kinn und Unterkiefer – mit kräftigeren Strichen nach. Deute das Ohr an, das zum Wichtigsten gehört, was ein Musiker hat. Dann kommen die wilden Stacheln der Igelfrisur an die Reihe.

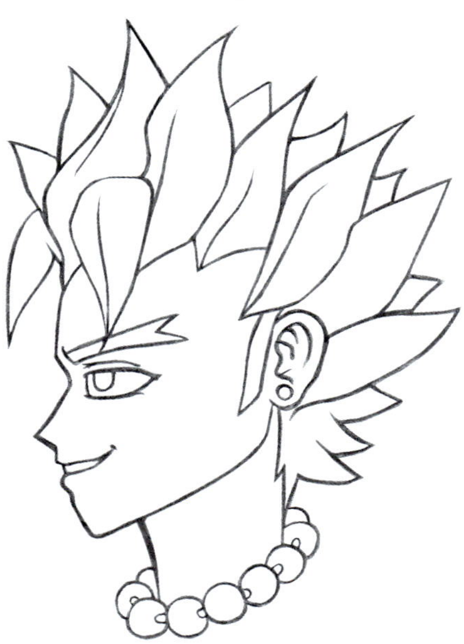

Schritt 4

Zeichne die Konturen schwarz nach und füge noch einige Details in die Frisur ein. Dann werden die Hilfslinien ausradiert; sie haben ihre Aufgabe erfüllt. Denke beim Zeichnen des Auges daran, dass Augen in Manga-Gesichtern besonders wichtig sind. Und vergiss nicht die Perlenkette und den Ohrring. J.C. geht nicht ohne sie aus dem Haus.

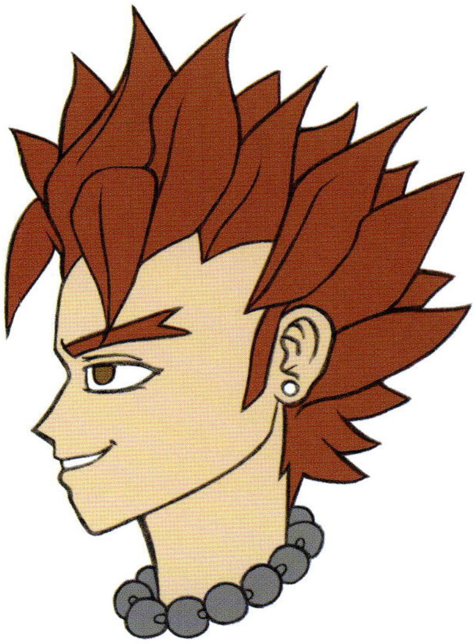

Schritt 5

Denke beim Kolorieren des Gesichts daran, dass angehende Rockstars nicht viel in der Sonne liegen. Suche für die Haare ein kräftiges Kupfer-Rotbraun aus und nimm Silbergrau für die Perlenkette.

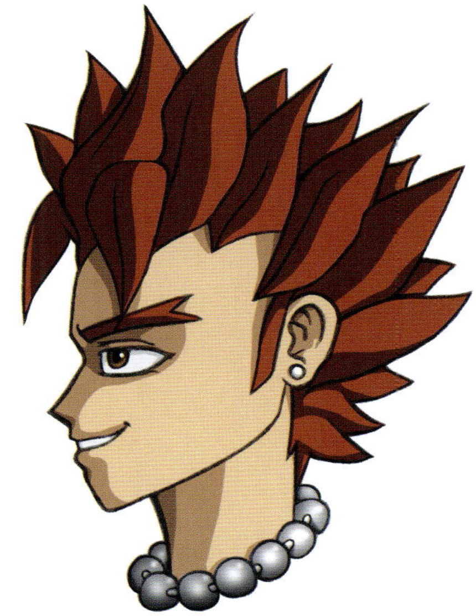

Schritt 6

Durch dunkle Schatten auf der linken Seite fällt jede Haarsträhne noch mehr auf. Zeichne zum Schluss noch einige nicht zu dunkle Schatten im Gesicht und auf dem Hals ein. In sechs einfachen Schritten hast Du aus einem Kreis und einem halben Rechteck eine coole Figur gezeichnet. Geht doch!

MIMIK

Um den Gesichtsausdruck darzustellen, werden – je nach gewünschter Stimmung – Mund, Augen und Augenbrauen verändert. Eine Nase ist nun mal eine Nase: An ihr lässt sich nicht viel verändern.

Auf dem oberen Bild mit weit aufgerissenen Augen, stecknadelkleinen Pupillen und offenem Mund ist J.C. offensichtlich erschrocken. Auf dem zweiten bilden die Augen flache Bögen unter geraden Augenbrauen und der Mund ist ein kleines Viereck. Diese kleinen Veränderungen zeigen, dass er ganz schön erleichtert ist.

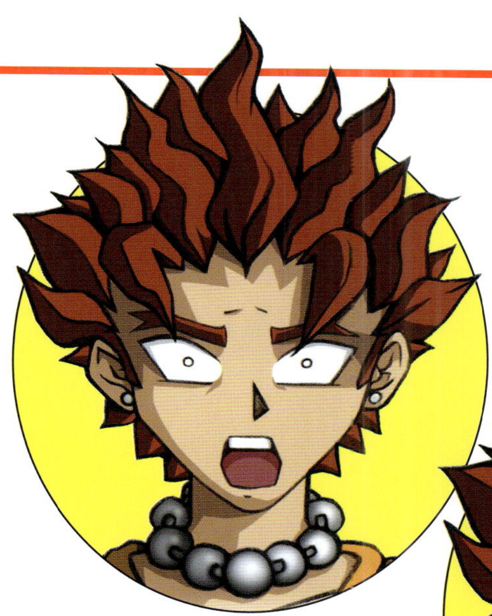

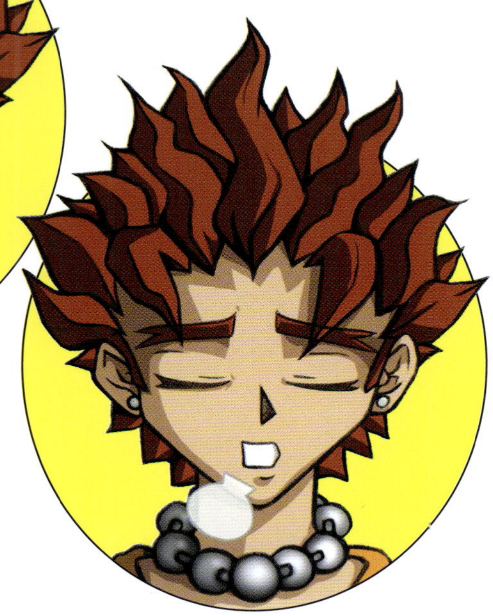

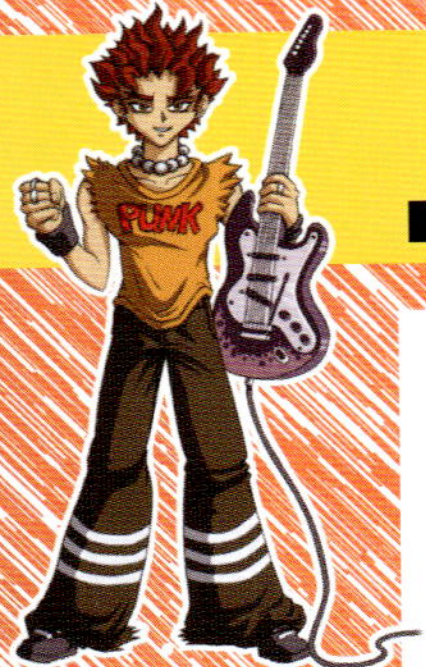

J.C.

Schritt 1

Wir zeichnen J.C. direkt von vorn. Beginne mit zwei Hilfslinien, die sich kreuzen. Dann skizzierst Du vereinfachte Formen für den Rumpf, die Gliedmaßen und die Gitarre. Der obere Teil des Körpers bildet ungefähr ein Dreieck, dessen untere Spitze auf Bauchhöhe sitzt.

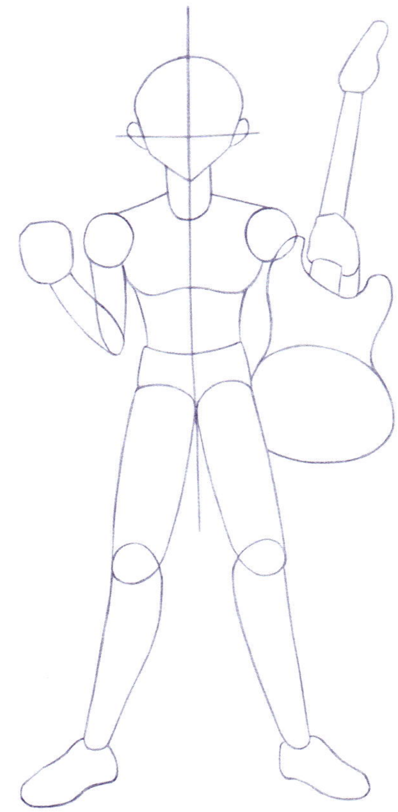

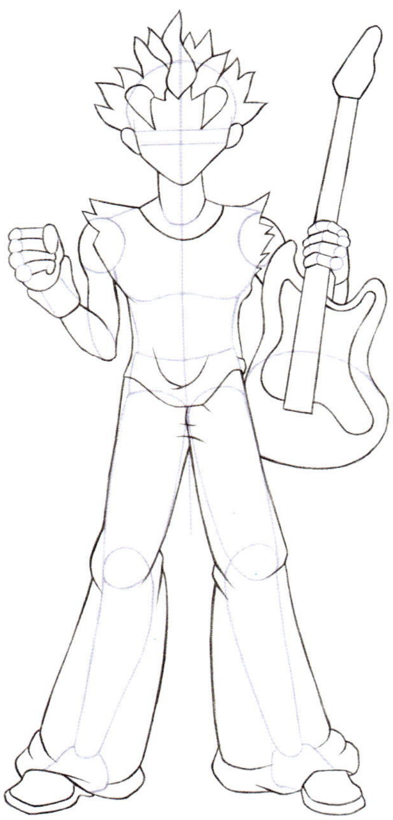

Schritt 2

Zeichne das zerfetzte T-Shirt (J.C. schnippelt an seinen Klamotten, damit sie cool aussehen) und die ausgestellte Jeans. Skizziere die Igelhaare, und zeichne die Hände als geschlossene Fäuste – dadurch wird deutlich, welche Energie und Kraft J.C. ausstrahlt, wenn er auf der Bühne steht.

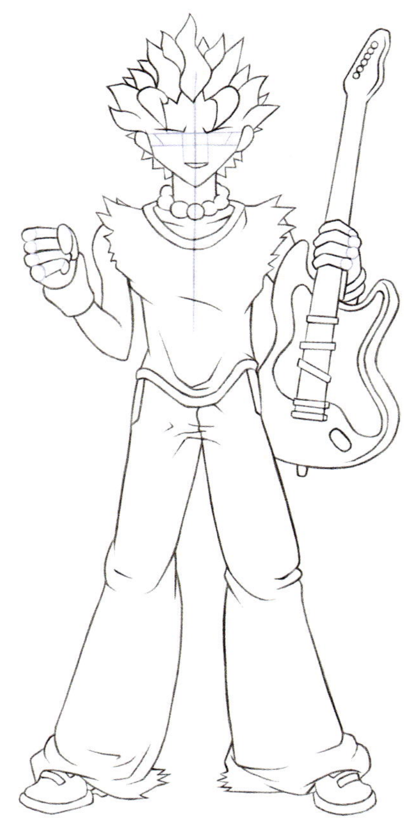

Schritt 3

Zeit für die Details: Knitter und Falten in der Kleidung, Schnürsenkel und Gesicht. Die Nasen von Manga-Figuren sind einfache Dreiecks- oder Keilformen, und die Münder sind meistens recht klein. Der Abstand zwischen den Augen ist etwas mehr als eine Augenbreite.

KÖRPER

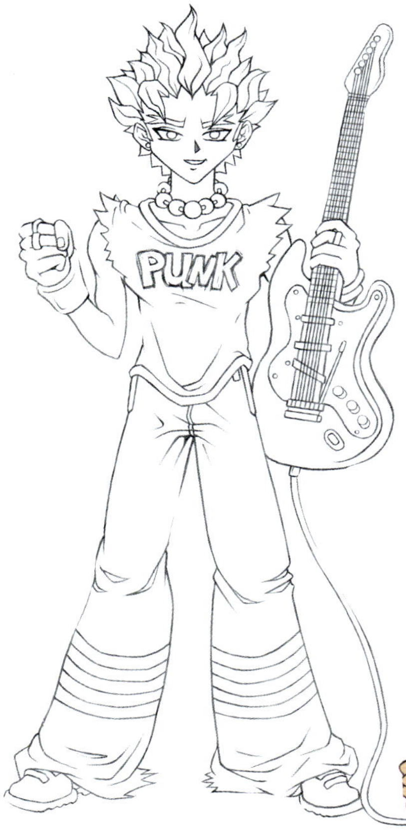

Schritt 4

Der Jungstar ist schon gut zu erkennen, kann aber noch weiter ausgearbeitet werden. Drücke beim Zeichnen der Details fest auf, damit die Bleistiftstriche klar und kräftig werden.

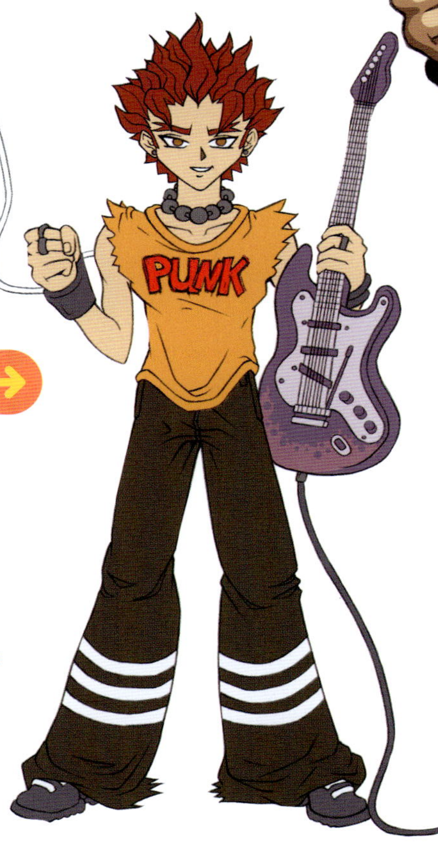

Schritt 5

Durch Farbe bekommt die Figur Charakter. J.C. mag Klamotten, die so cool sind wie er selbst. Ein T-Shirt in bräunlichem Orange und eine Jeans in Schlammfarbe sind genau richtig für den Grunge-Stil, den er so mag. Auch Kette und Ringe passen bestens.

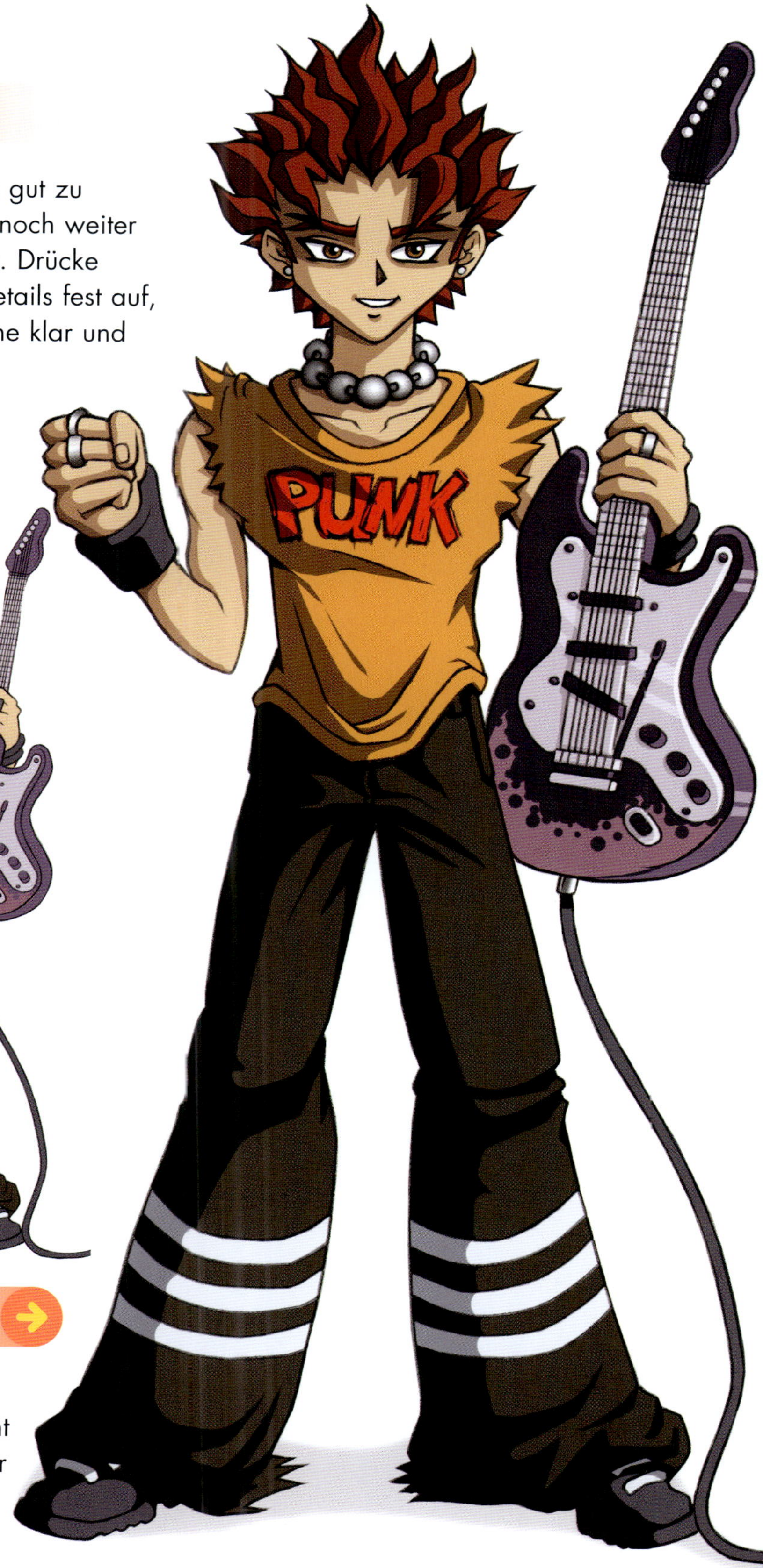

Schritt 6

Das Zeichnen von Schatten ist anfangs etwas schwierig, aber es lohnt sich, dranzubleiben. Stell Dir J.C. im Scheinwerferlicht vor, das er so liebt, und überlege Dir, welche Teile dann heller aussehen als der Rest. Denk daran, dass Kleidung erst durch Schatten in den Falten dreidimensional wirkt.

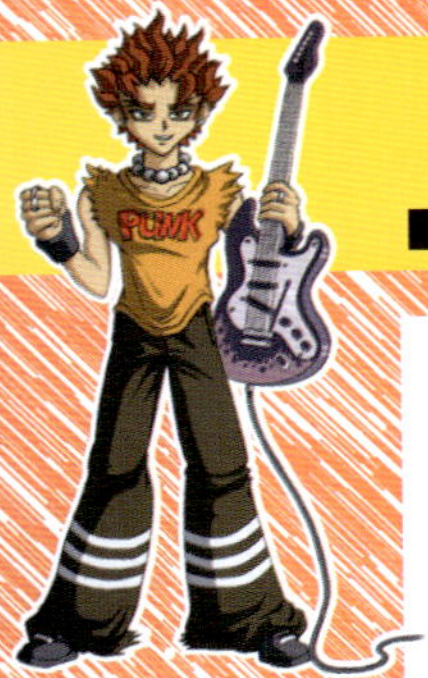

J.C.

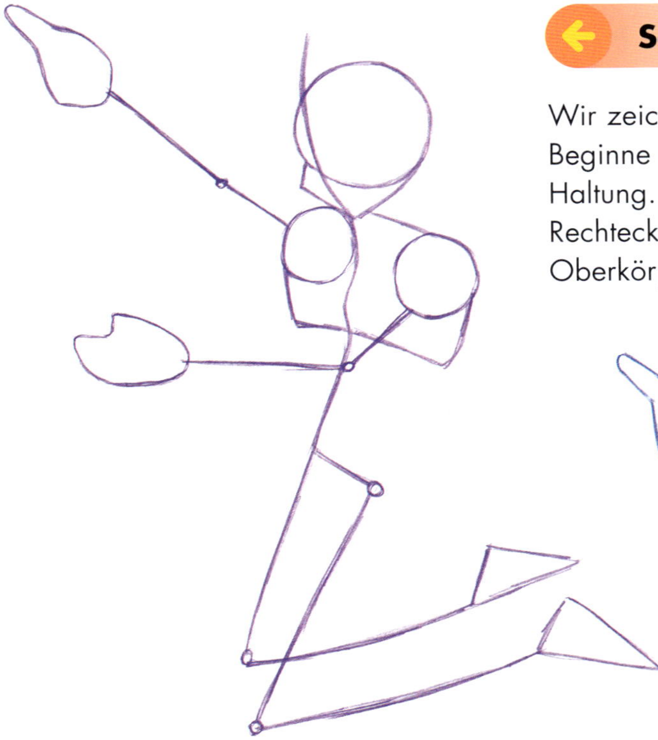

Schritt 1

Wir zeichnen J.C. im Profil bei einem Auftritt. Beginne mit einem Strichmännchen in kniender Haltung. Danach zeichnest Du einfache Kreise, Rechtecke und Dreiecke für Kopf, Hände, Schultern, Oberkörper und Füße.

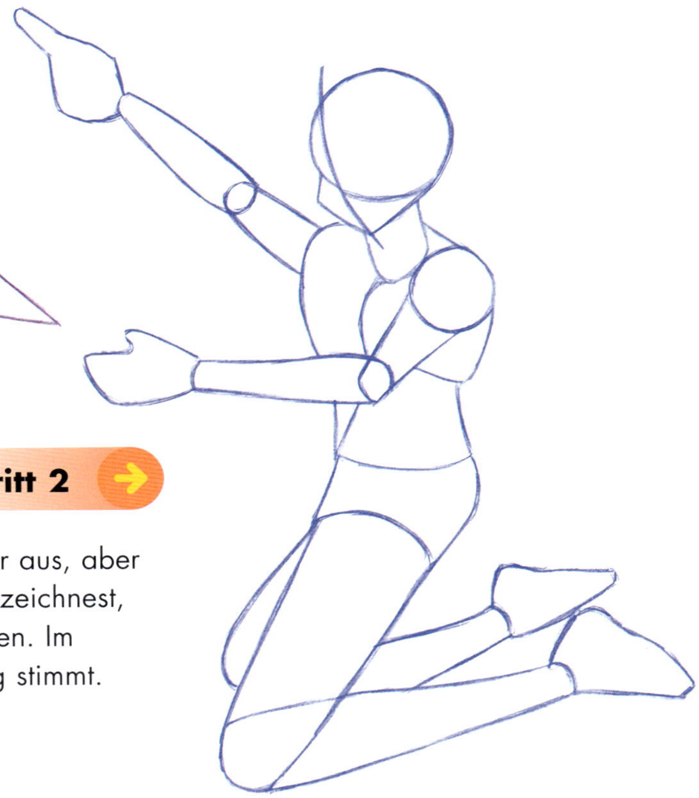

Schritt 2

Arbeite das Strichmännchen zum vollständigen Körper aus, aber bitte ganz einfach. Wenn Du jetzt zu viele Details einzeichnest, musst Du sie möglicherweise später wieder ausradieren. Im Moment geht es nur darum, dass die kniende Haltung stimmt.

DETAILS

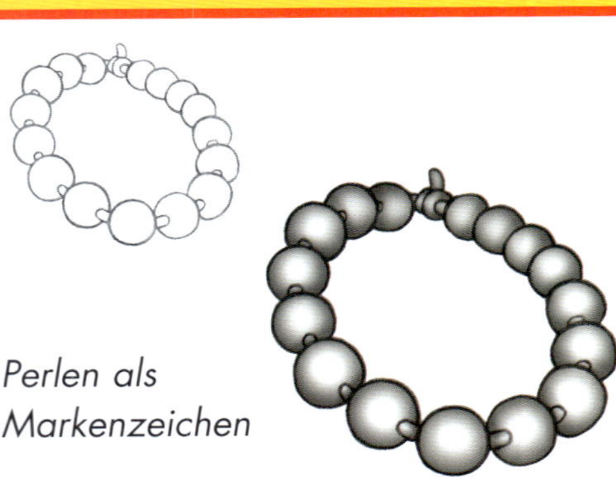

Perlen als Markenzeichen

Schweißbänder unterbrechen die Linien der Unterarme.

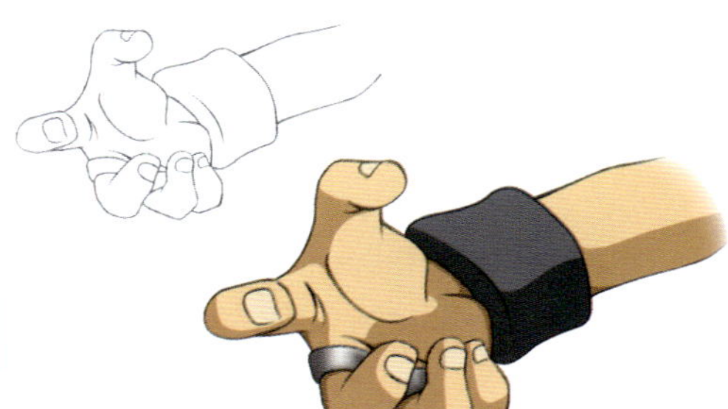

Die dreieckig skizzierten Füße passen in die Schuhe.

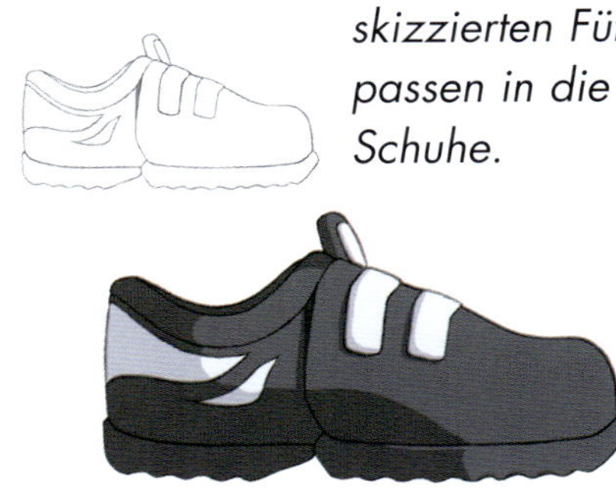

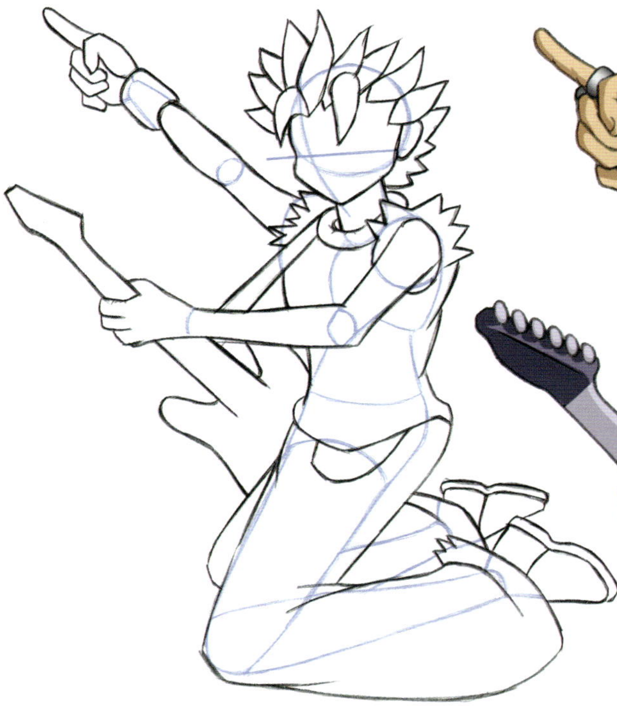

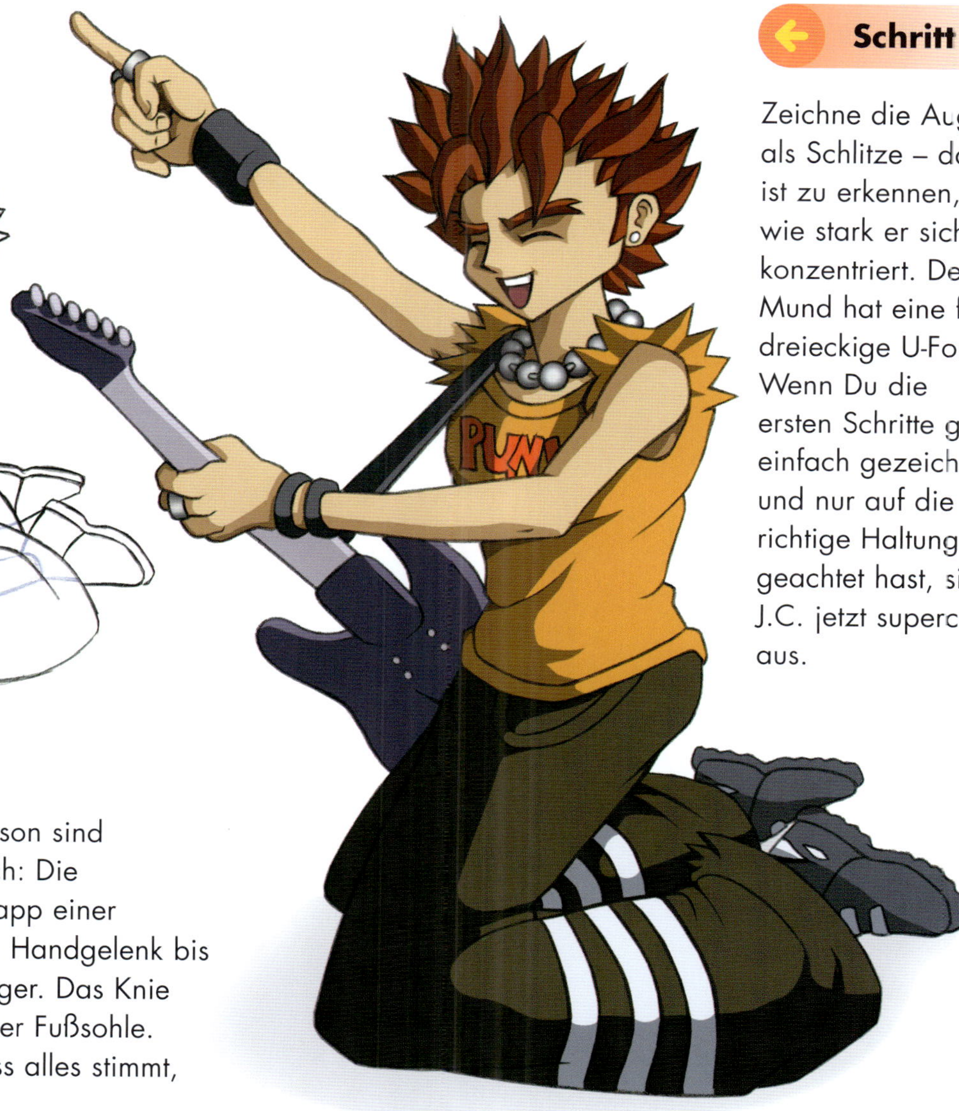

Schritt 4

Zeichne die Augen als Schlitze – daran ist zu erkennen, wie stark er sich konzentriert. Der Mund hat eine fast dreieckige U-Form. Wenn Du die ersten Schritte ganz einfach gezeichnet und nur auf die richtige Haltung geachtet hast, sieht J.C. jetzt supercool aus.

Schritt 3

Auch bei einer knienden Person sind die Grundproportionen gleich: Die Oberarmlänge entspricht knapp einer Kopfhöhe, der Unterarm von Handgelenk bis Ellenbogen ist ein wenig länger. Das Knie liegt zwei Kopfhöhen über der Fußsohle. Erst wenn Du sicher bist, dass alles stimmt, kommen die Details dran.

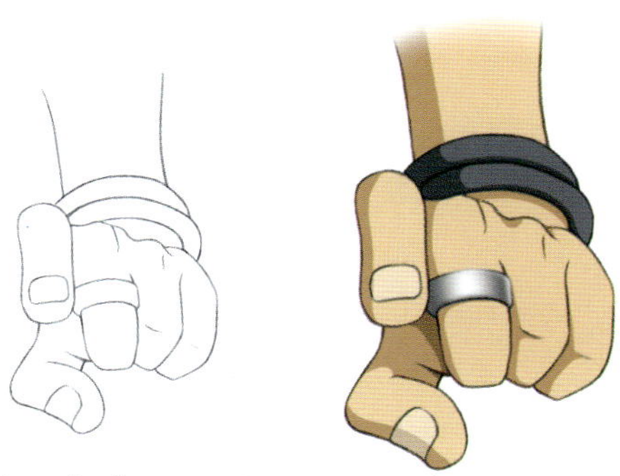

Hände kannst Du aus vielen kleinen Rechtecken aufbauen.

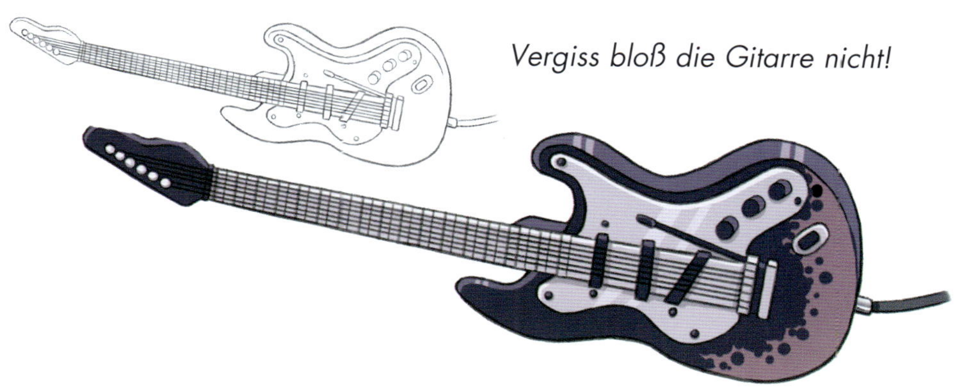

Vergiss bloß die Gitarre nicht!

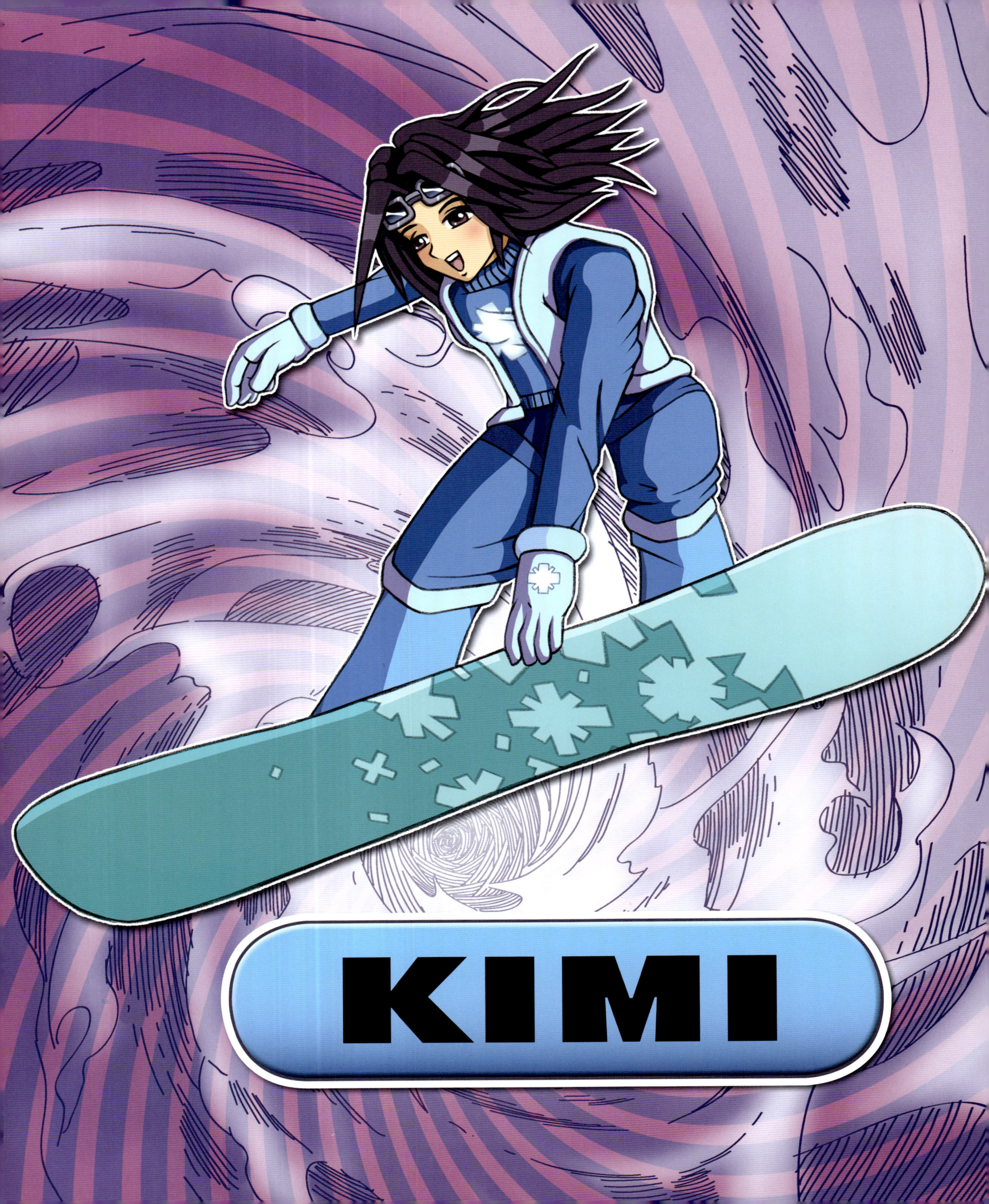
KIMI

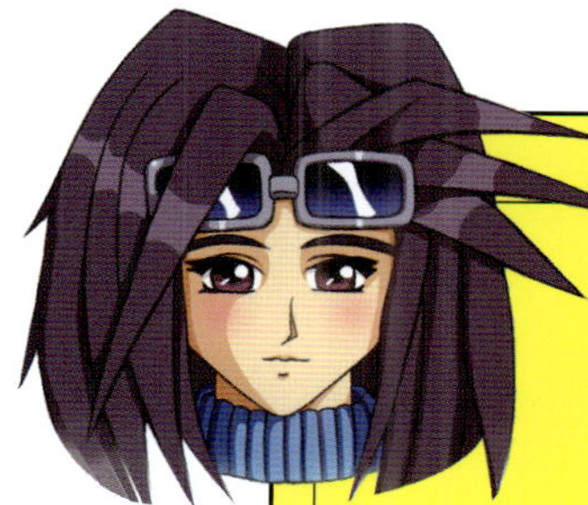

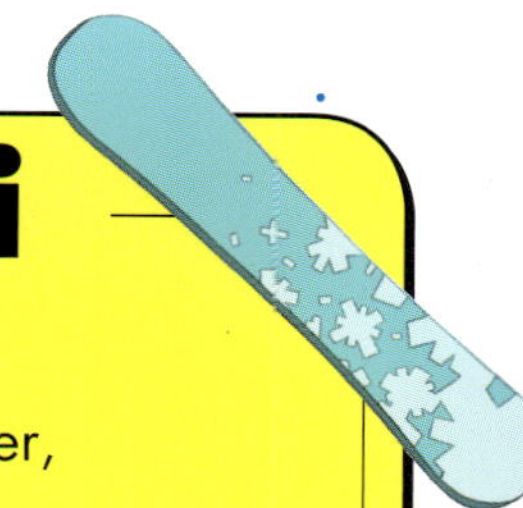

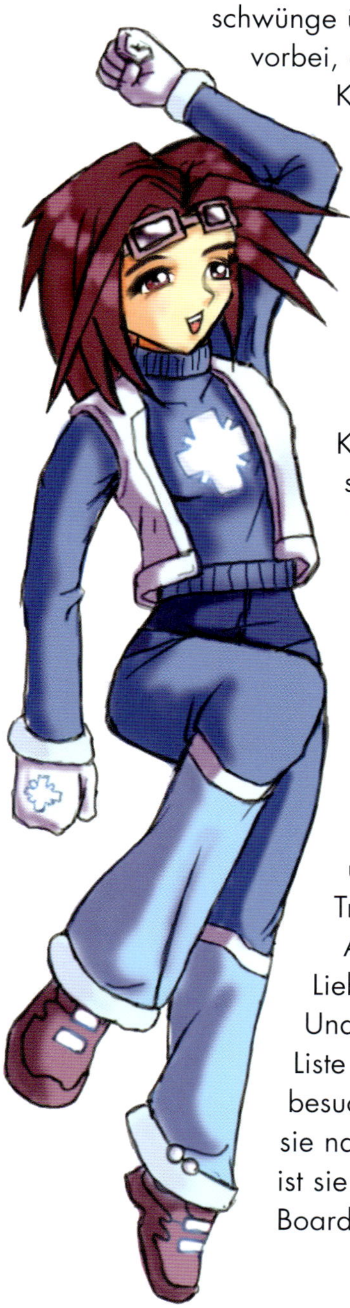

Kimi

Alter: 16

Ort: Vancouver, Kanada

Größe: 1,62 m

Gewicht: 55 kg

Interessen & besondere Fähigkeiten: snowboarden, mit Freundinnen abhängen, reisen

Wenn Du das nächste Mal Parallelschwünge übst und ein blauer Blitz fegt vorbei, dann kannst Du wetten: Das war Kimi! Auf dem Snowboard ist sie einfach superschnell. Wie alle ihre Freundinnen – und davon hat sie viele – geht sie gern shoppen. Vor allem, wenn eine Party ansteht und sie gar nichts anzuziehen hat. Aber am liebsten ist sie doch auf der Piste.

Ihre Familie ist gerade nach Kanada gezogen, und Kimi fühlt sich da pudelwohl. Helikopter-Skiing, Wildwasser-Rafting und Gleitschirmfliegen findet Kimi großartig. Je gefährlicher, desto besser. Aber am besten ist sie auf dem Snowboard.

Wann immer es geht, reist sie zu Pisten in aller Welt. Sie hat schon so viele Wettkämpfe gewonnen, dass sich die Regale in ihrem Zimmer unter dem Gewicht der Pokale und Trophäen biegen.

An den Wänden hängen Bilder ihrer Lieblingsorte und ihrer besten Freunde. Und irgendwo ist da auch eine lange Liste der Länder, die sie noch einmal besuchen will – auf der Weltreise, die sie nach dem College plant. Bis dahin ist sie zufrieden, wenn sie mit ihrem Board losziehen kann.

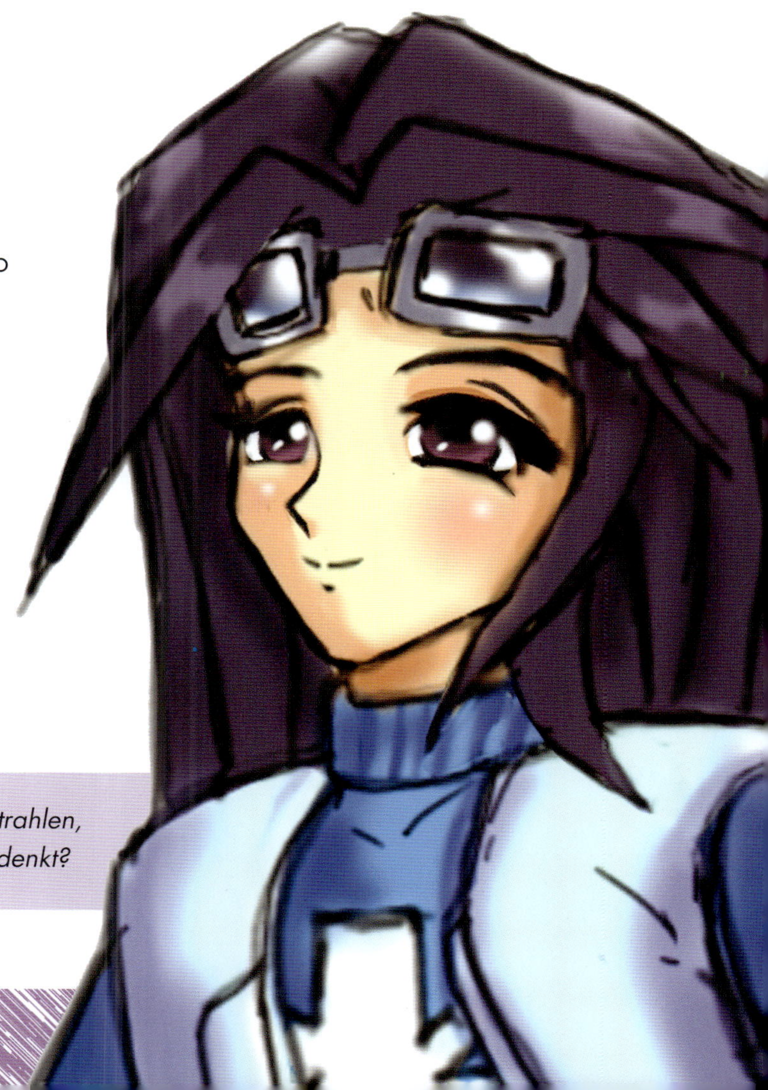

Siehst Du, wie ihre Augen strahlen, wenn sie an Snowboarden denkt?

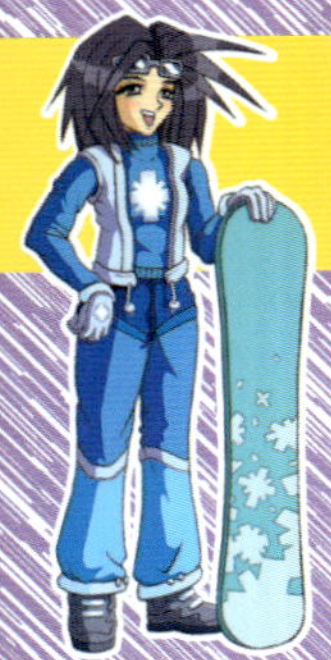

KIMI

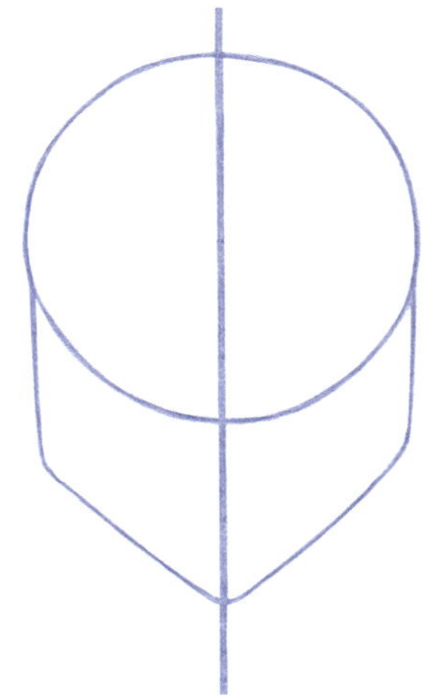

Schritt 1

Alle Manga-Mädchen, auch so eine fitte Snowboarderin wie Kimi, haben kleinere und rundere Gesichter als Manga-Jungs. Auch die Konturen sind weicher. Achte darauf, wenn Du den Kreis für den Kopf und die schrägen Linien für den Unterkiefer zeichnest. Denk auch an die Mittelsenkrechte.

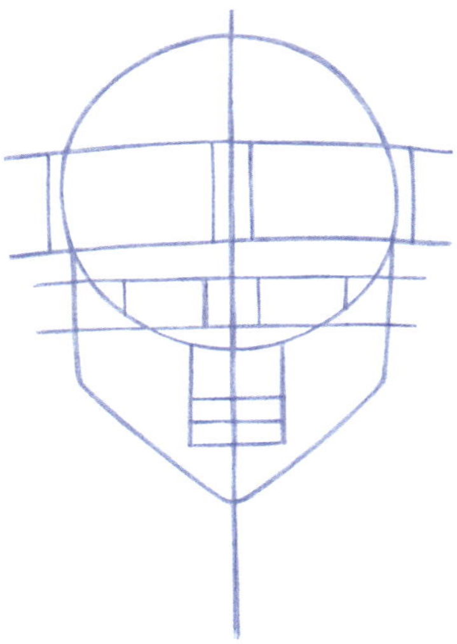

Schritt 2

Die Mittellinie hilft Dir, die beiden Gesichtshälften symmetrisch zu zeichnen. Vergiss nicht, dass Manga-Mädchen größere und offenere Augen haben als männliche Figuren.

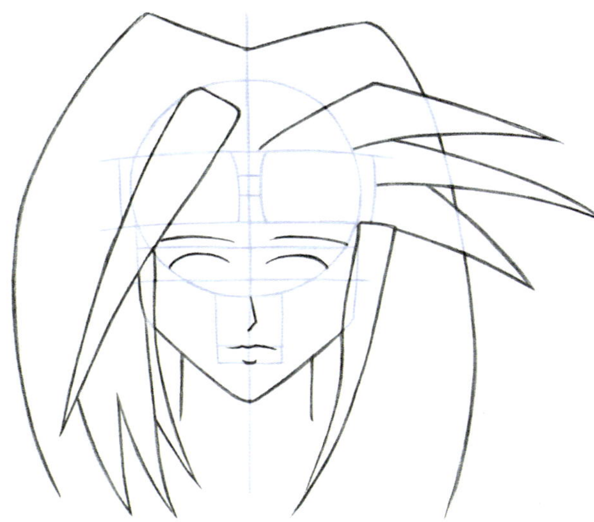

Schritt 3

Lege mit Rechtecken unter dem Kopf die Position für den Mund fest. Zeichne die Oberlippe mit zwei kleinen, aufwärts gekrümmten Strichen und die Unterlippe mit einem kleineren, nach unten gekrümmten Strich. Ein Häkchen neben der Stelle, an der die Mittellinie den unteren Rand des Kreises schneidet, genügt als Nase.

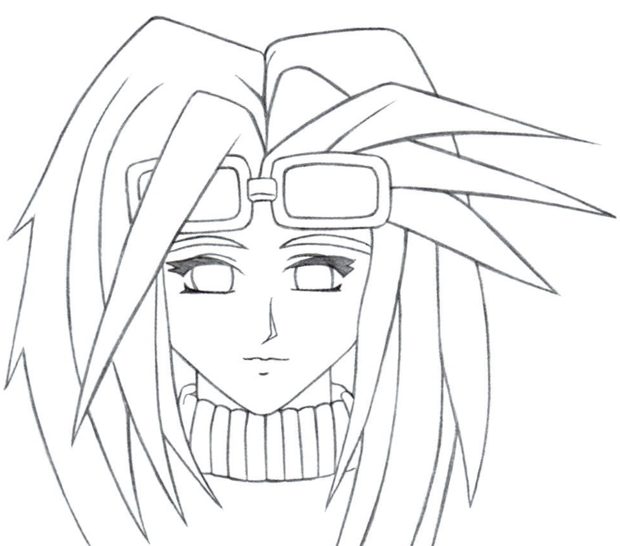

Schritt 4

Jetzt kommen die Details an die Reihe. Die Haare sind bei Manga-Figuren immer ein Hingucker. Sie sind nicht ganz leicht zu zeichnen, aber wenn Du Dir jede Strähne als lang gestrecktes Dreieck vorstellst, hast Du den Bogen bald raus. Einige Haare fallen über die Skibrille, die Kimi wie einen Haarreifen benutzt. Dichte, dunkle Wimpern betonen ihre strahlenden Augen.

KOPF

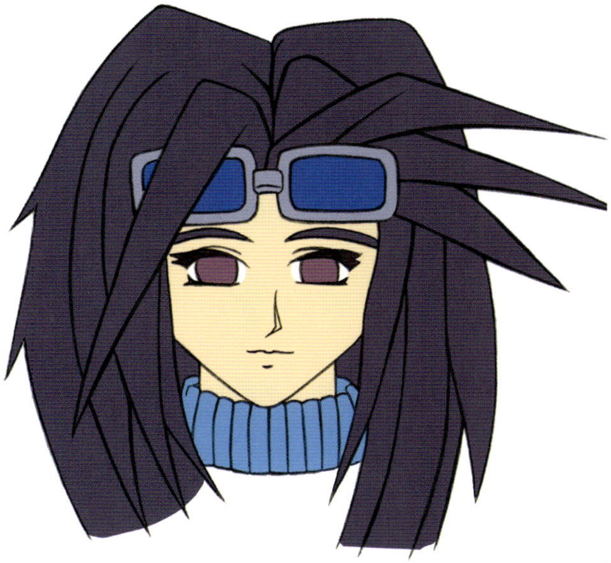

Schritt 5

Kimi sieht gut aus mit ihrer hellen Haut und den Blau- und Lilatönen. Kein Wunder, dass sie auf der Piste genau so beliebt ist wie anderswo. Dunkle die Konturen der Haarsträhnen ab, damit die Haare noch dicker wirken. Die niedliche Nase besteht nur aus zwei kleinen Häkchen, aber sie sieht schon jetzt dreidimensional aus.

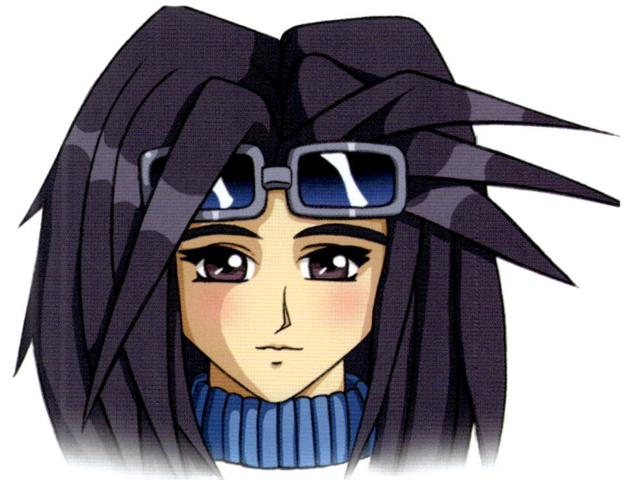

Schritt 6

Die weißen Lichtreflexe in Kimis Augen und auf der Brille lassen das Bild gleich lebendiger wirken. Sie zeigen aber auch, woher das Licht kommt. Reflexe in hellem Lila bringen Glanz in die Haare.

MIMIK

Eine hochgezogene Augenbraue, eine kleine Veränderung des Mundes und der Position der Pupillen: Schon sieht Kimi skeptisch aus.

Für das verzweifelte Gesicht haben wir den Mund zu einer offenen, nach unten gekrümmten Form verändert und winzige Schatten neben den Mundwinkeln angedeutet. Die hohen Wangenknochen werden durch nach unten gekrümmte Striche unter den Augen erkennbar. Durch diese Veränderungen und die weiß glitzernden Tränen ist zu erkennen, dass die sonst so fröhliche Kimi traurig ist. Experimentiere mit solchen Veränderungen, um die Stimmungen Deiner Figuren darzustellen.

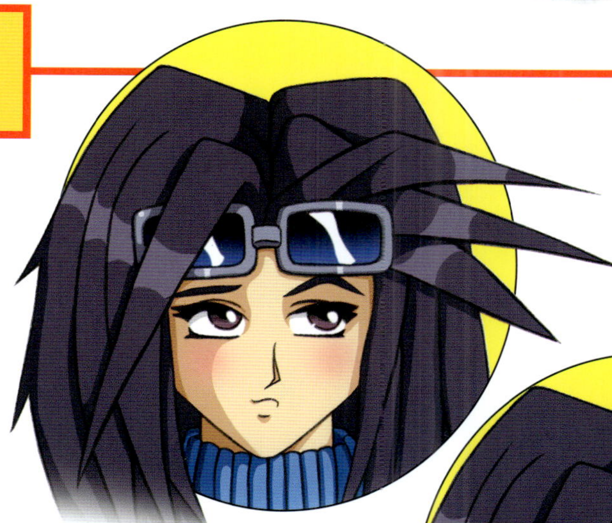

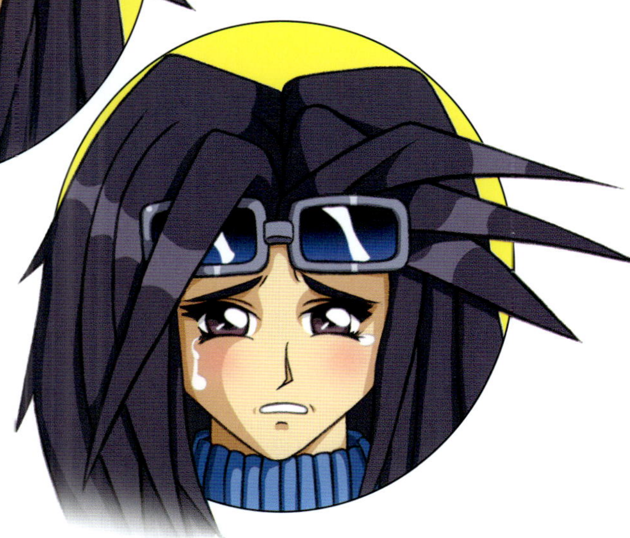

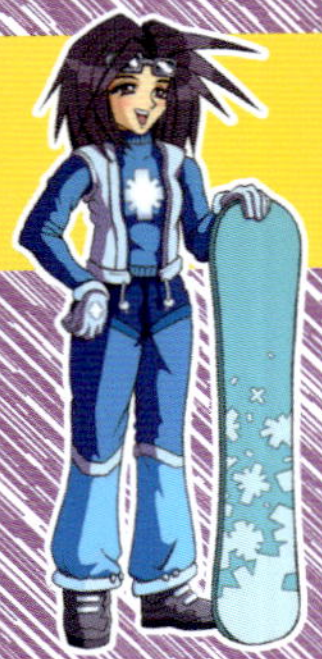

KIMI

Schritt 1

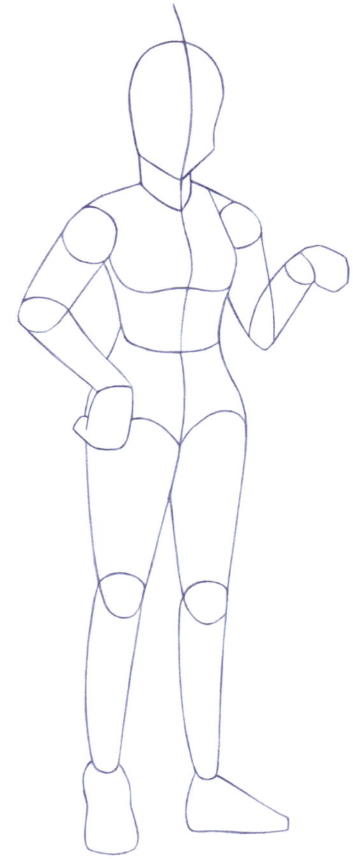

Weil Kimi nicht genau von vorn gezeichnet wird, muss die Mittelsenkrechte etwas verschoben werden. Das ändert am Zeichenprinzip aber nichts. Baue den Körper aus einfachen Grundformen auf und achte auf die Haltung der Arme: Einer ist abgewinkelt und hält das Snowboard, die andere Hand liegt an der Hüfte.

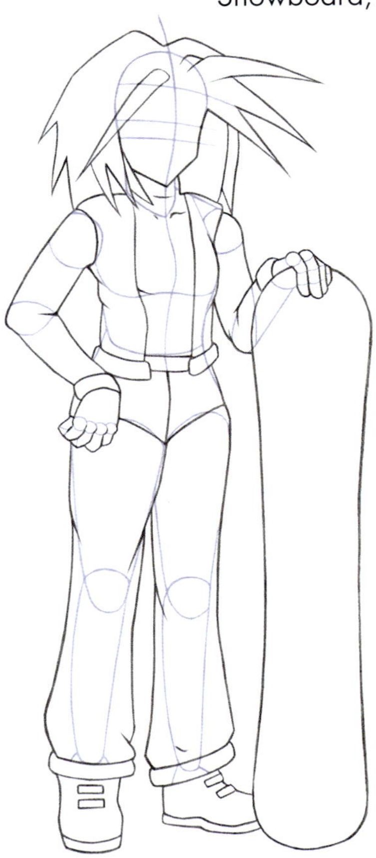

Schritt 2

Kimi trägt weite Hosen, unter denen ihre Stiefel verschwinden. Zeichne die Umrisse des Snowboards – eigentlich nur ein langes Rechteck mit „Taille" – und die Stiefel. Sie sieht schon fast startbereit aus.

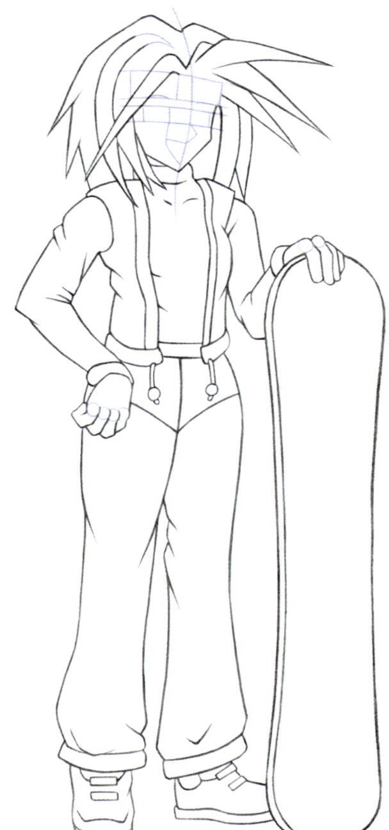

Schritt 3

Deute mit einigen Strichen an, wie Kimis Kleidung am Körper sitzt und sich mit ihm bewegt. Durch eine zweite Kontur am linken Rand wird die Dicke des Snowboards erkennbar. Zeichne nun ihr Gesicht mit dem lachenden Mund. Achte darauf, dass die Hilfsrechtecke auf beiden Seiten der verschobenen Mittellinie nicht gleich groß sind.

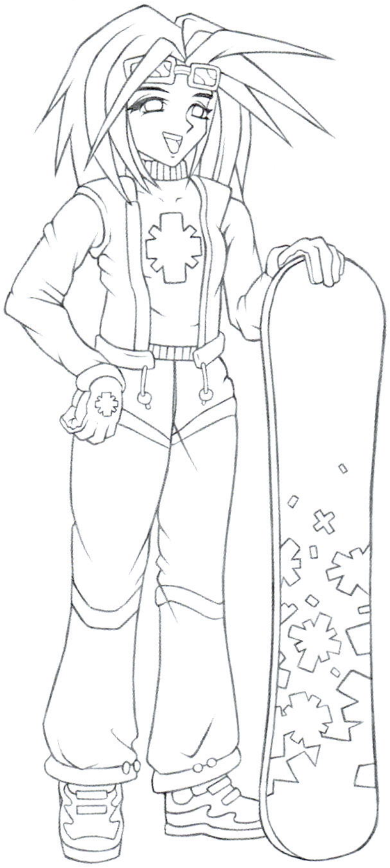

Schritt 4

Durch die dichten, dunklen Wimpern sehen Kimis große Augen noch größer und hübscher aus. Wenn Du diese Phase der Detailzeichnung erreicht hast, sollten alle früheren Hilfslinien entweder schwarz nachgezogen oder ausradiert sein.

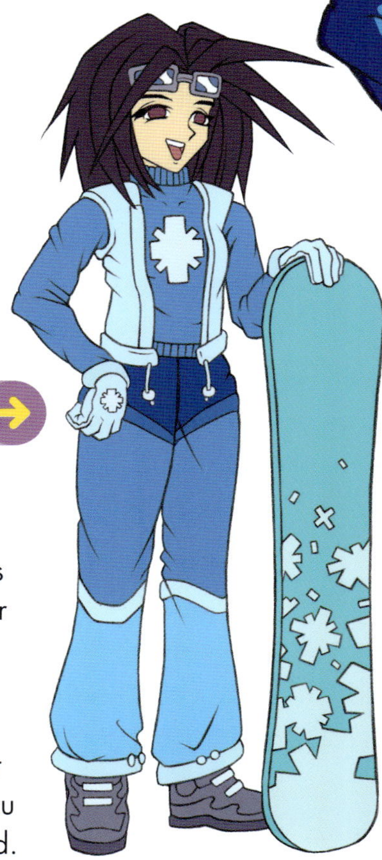

Schritt 5

Kimi achtet immer darauf, dass die Farben ihrer Kleidung und des Zubehörs – von der Brille bis zu den Stiefeln – gut aufeinander abgestimmt sind. Die Blautöne, die sie hier trägt, betonen ihre Haare und Augen, und das Schneeflockenmuster auf Pullover und Handschuhen passt genau zu dem Dekor auf ihrem Snowboard.

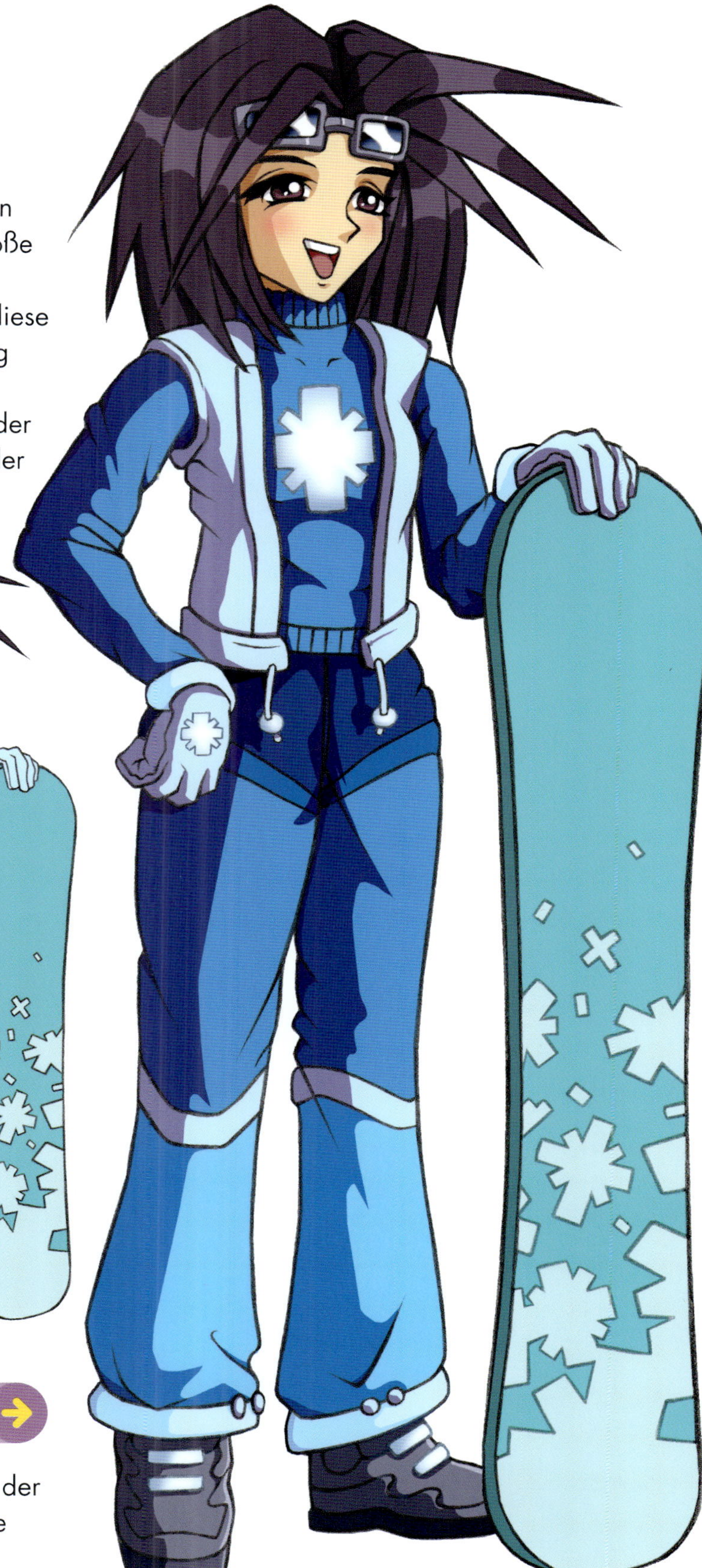

Schritt 6

Zeichne zum Schluss die Schatten ein, die aus der flachen Zeichnung auf dem dünnen Papier eine dreidimensionale Sportlerin machen.

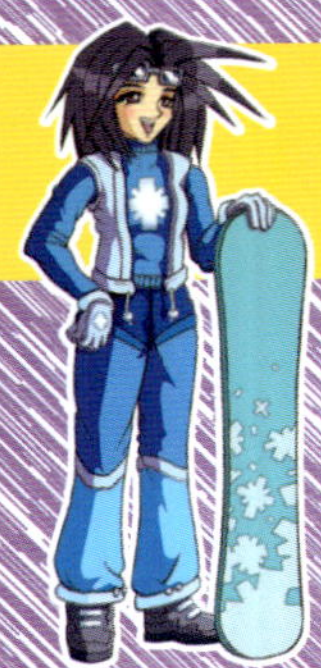

KIMI

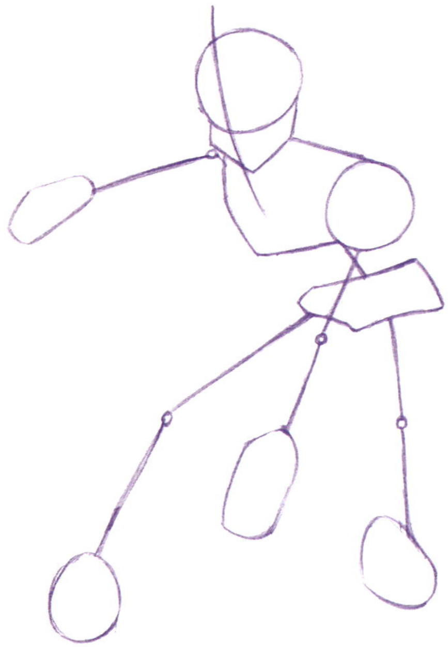

Schritt 1

Zeichne die Grundformen des Körpers und lange Striche für Arme und Beine. Die Gelenke werden durch kleine Kreise angedeutet.

Schritt 2

Schau Dir einmal Fotos von Sportlern in Action genauer an. Versuche, Dir unter dem Fleisch das Skelett vorzustellen. Das wird Dir beim Zeichnen Deiner Strichfiguren helfen. Achte auf den Winkel des Körpers: Er ist etwas zur Seite gedreht, darum muss auch die Bewegungslinie etwas seitlich verschoben werden.

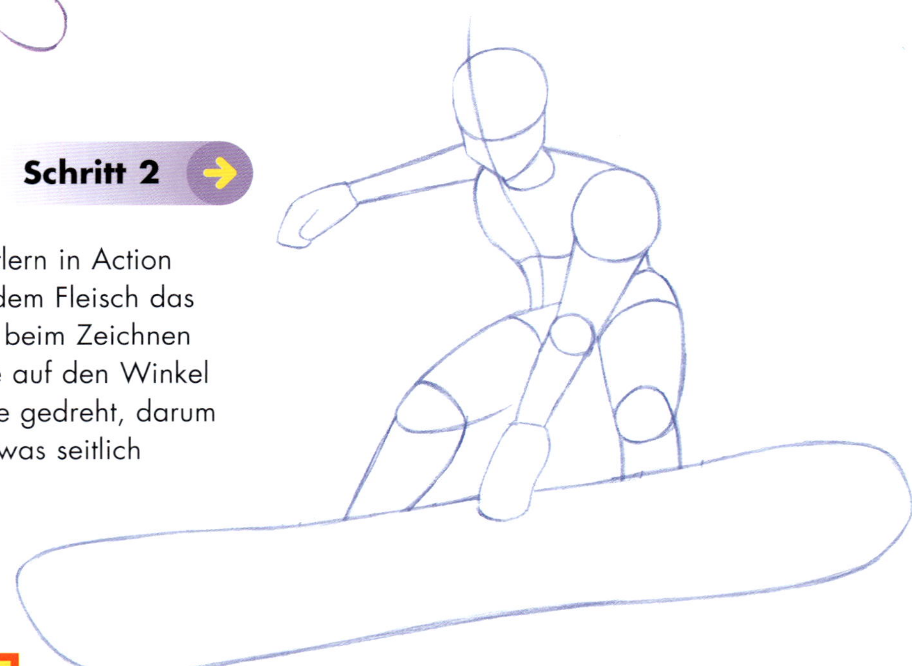

DETAILS

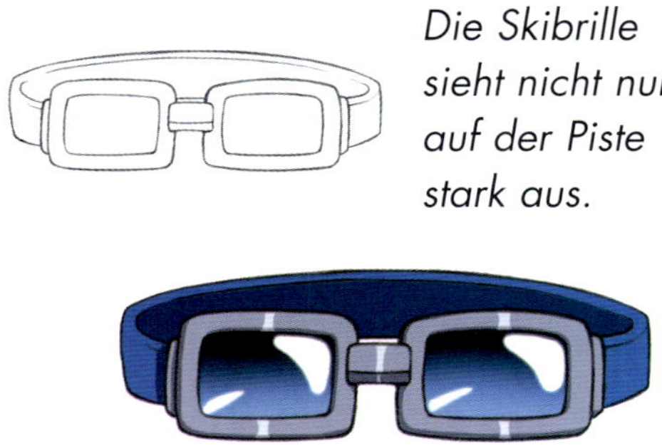

Die Skibrille sieht nicht nur auf der Piste stark aus.

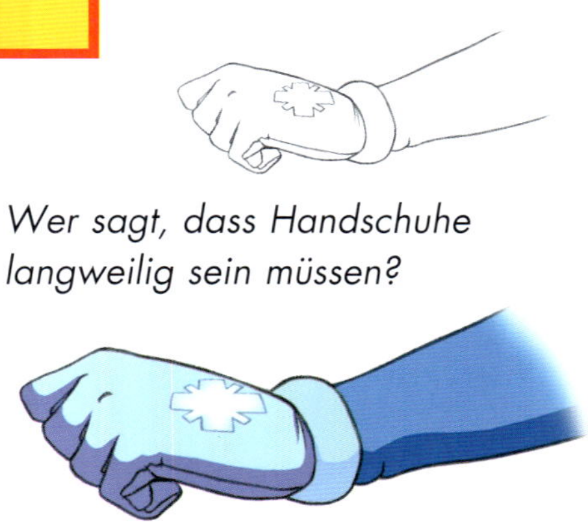

Wer sagt, dass Handschuhe langweilig sein müssen?

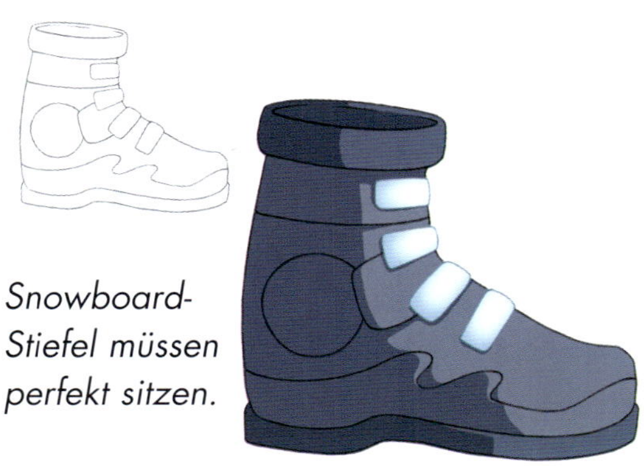

Snowboard-Stiefel müssen perfekt sitzen.

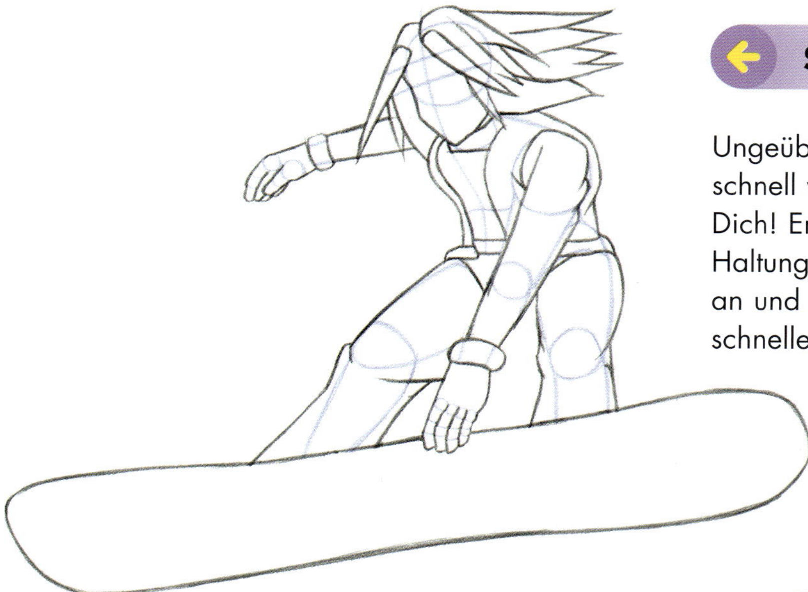

Schritt 3

Ungeübte Manga-Zeichner machen oft den Fehler, zu schnell von einem Schritt zum nächsten zu eilen. Brems Dich! Erst wenn Du ganz sicher bist, dass Körperbau und Haltung gut getroffen sind, ziehst Du Kimi den Anzug an und zeichnest die wehenden Haare, an denen die – schnelle! – Bewegung zu erkennen ist.

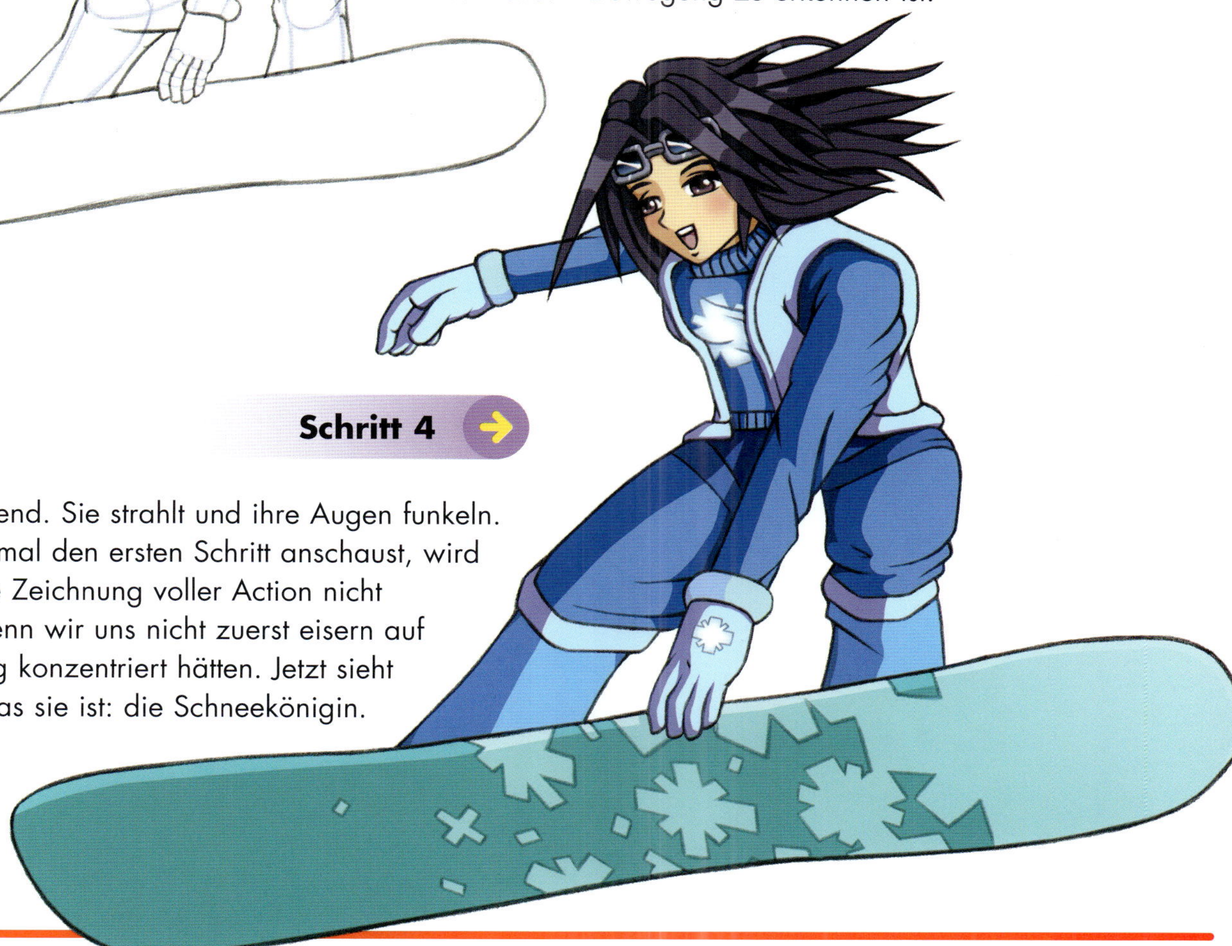

Schritt 4

Kimi geht es blendend. Sie strahlt und ihre Augen funkeln. Wenn Du noch einmal den ersten Schritt anschaust, wird Dir klar, dass diese Zeichnung voller Action nicht gelungen wäre, wenn wir uns nicht zuerst eisern auf die richtige Haltung konzentriert hätten. Jetzt sieht sie aus wie das, was sie ist: die Schneekönigin.

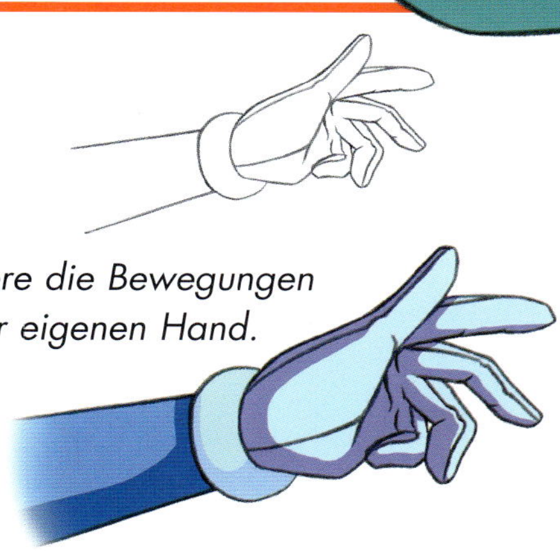

Studiere die Bewegungen Deiner eigenen Hand.

Kimis kostbarster Besitz:

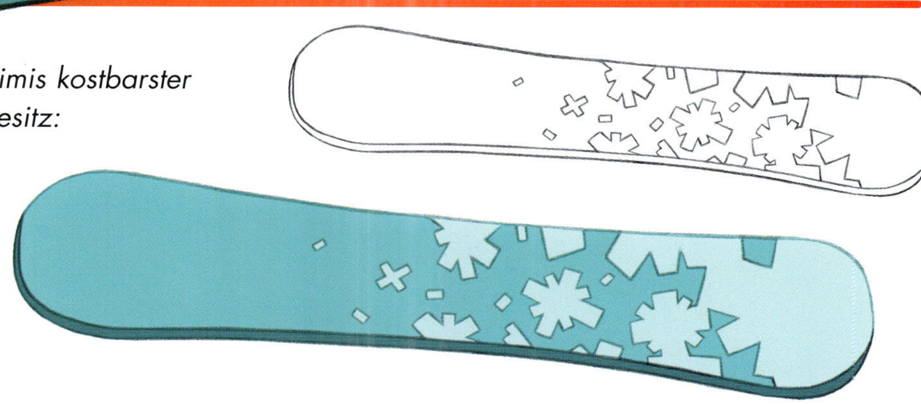

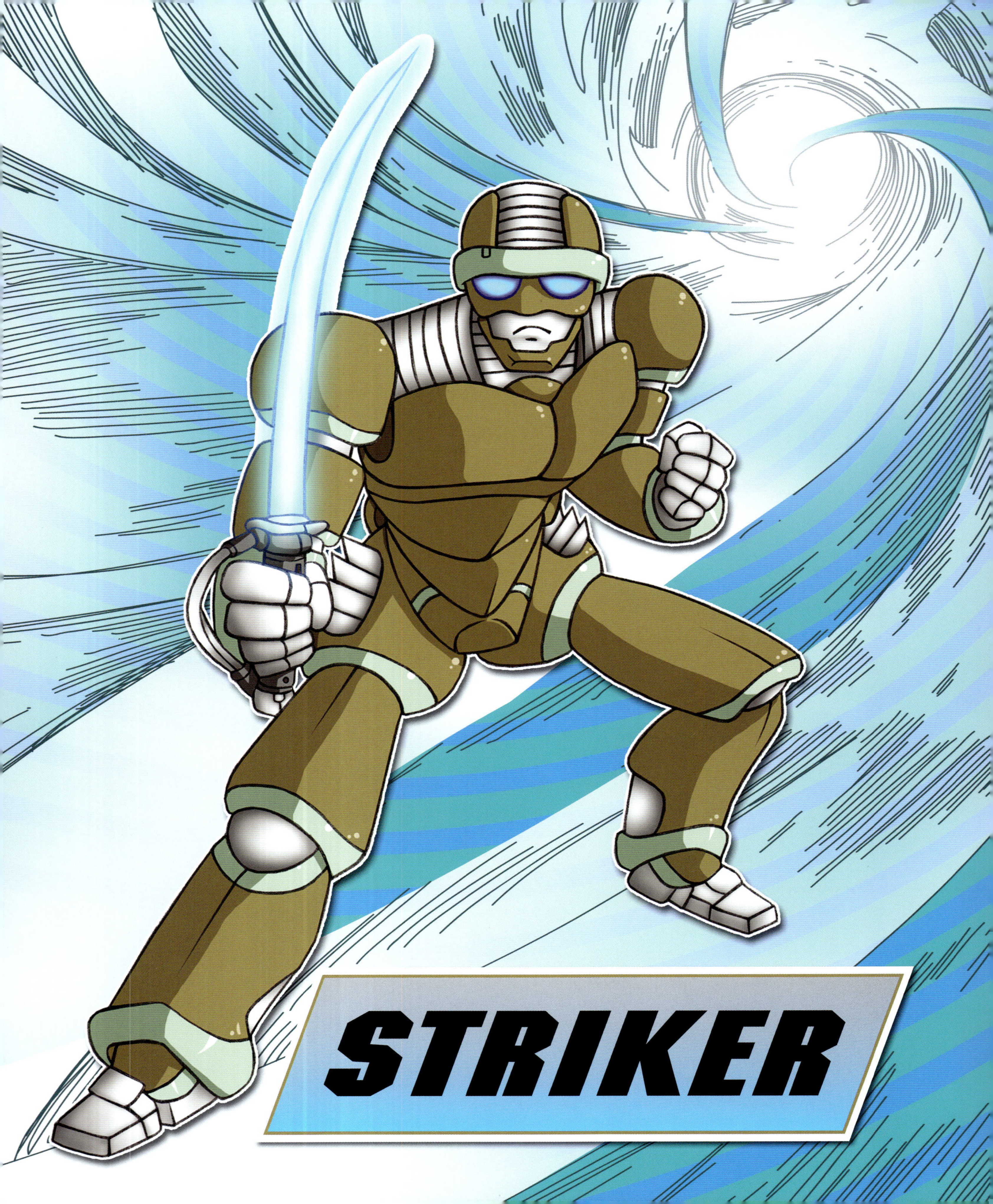
STRIKER

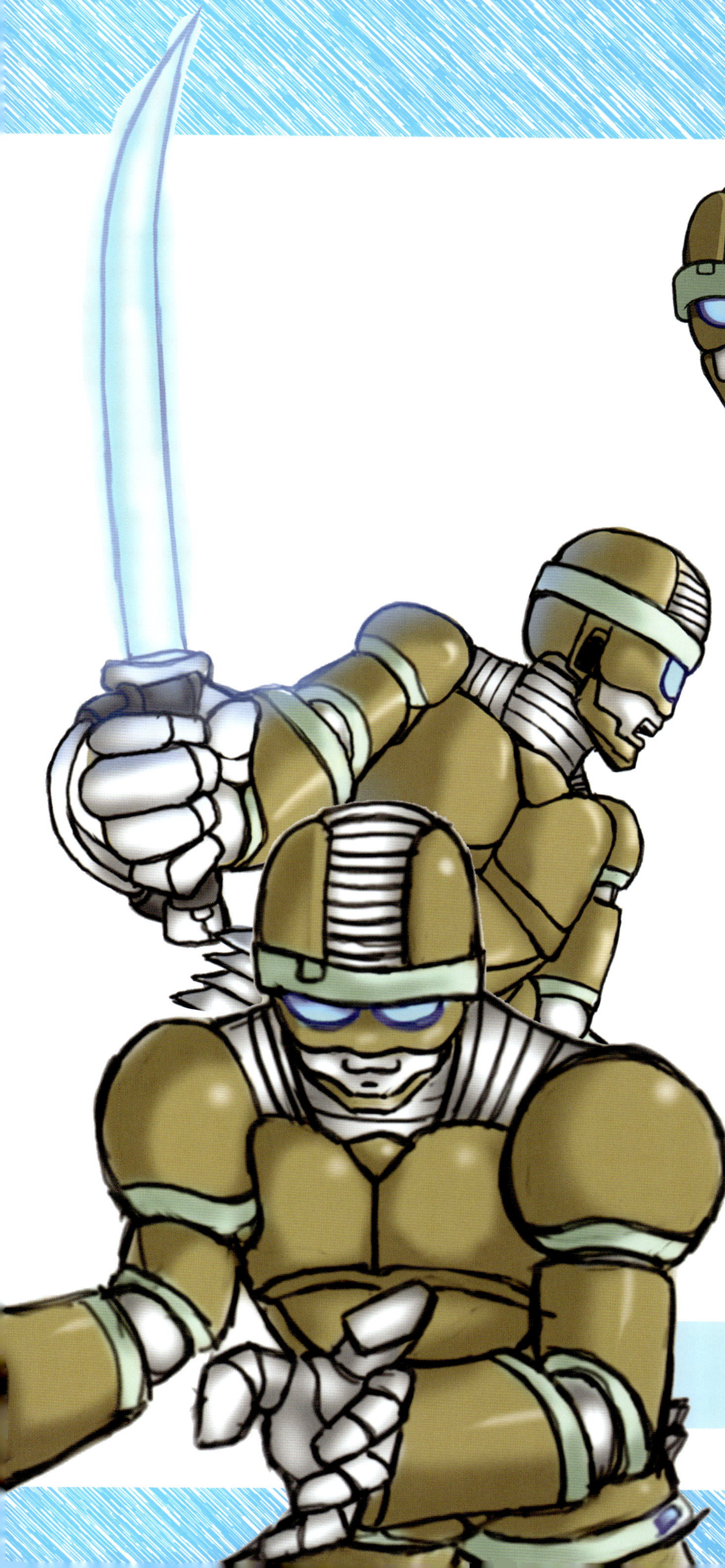

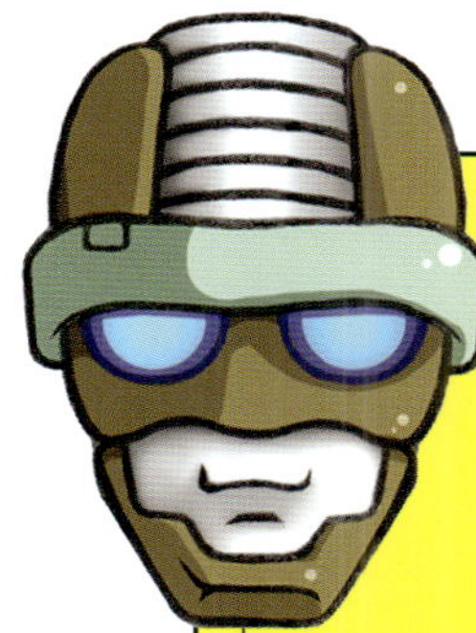

Striker

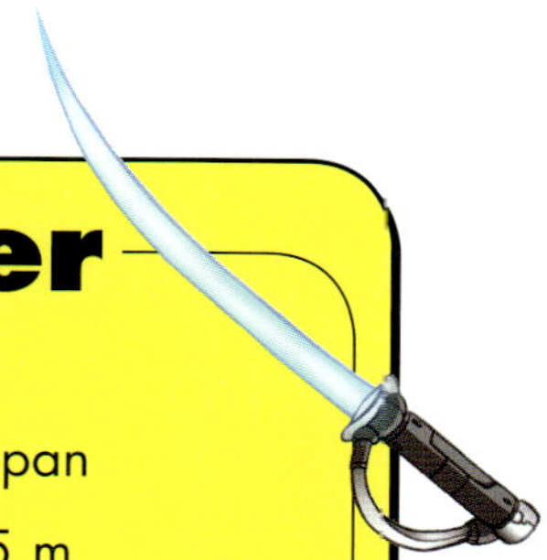

Alter: 2

Ort: Tokio, Japan

Größe: 1,95 m

Gewicht: 113 kg

Interessen & besondere Fähigkeiten:
enorm stark, vielsprachig, ausgezeichneter Hausmann

Striker trat in Heathers Leben, als ein Freund ihres Vaters an einem streng geheimen Projekt zu künstlicher Intelligenz arbeitete. Er sollte einen Kampfroboter entwickeln, aber wegen eines Programmierfehlers kam ein Haushaltswunder dabei heraus. Es sieht schon etwas sonderbar aus, wenn der 1,95 m große und 113 kg schwere Striker durch das Haus stapft, behutsam Staub wischt und putzt, Geschirr spült und das Auto wäscht. Aber Striker und Heather sind mehr als Mensch und Haushaltsroboter. Sie sind auch richtig gute Freunde.

Heathers Freunde sind beeindruckt und ihre Mütter beäugen Striker oft neidisch, aber er denkt gar nicht daran, Heather zu verlassen. Wohin sie auch geht, er wird ihr folgen. Zu seinen Stärken gehören aber nicht nur Hausarbeit und treue Freundschaft. Er kann Heather mit einem einzigen Finger hochheben. Wenn das nicht stark ist!

Hier siehst Du Striker in verschiedenen Kampfposen.

STRIKER

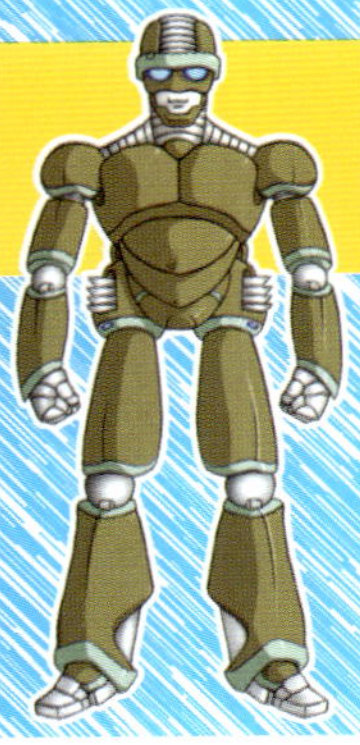

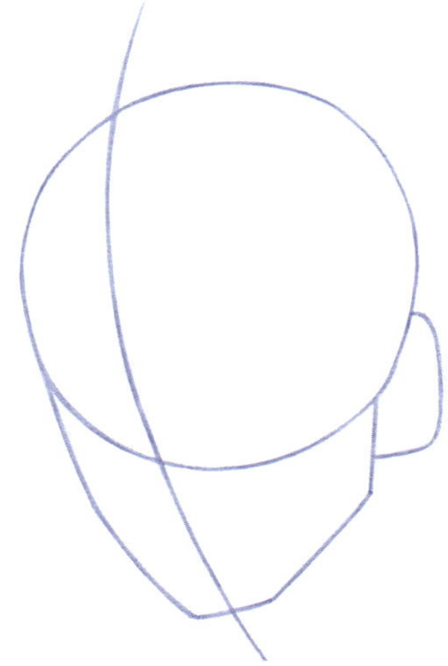

Schritt 1

Wir zeichnen Striker schräg von hinten! Seine linke Schulter zeigt zu uns. Er dreht den Kopf und schaut über seine Schulter. Er hat einen großen Kopf und einen kantigen Kiefer. Die erste grobe Zeichnung sieht fast aus wie eine Teetasse von oben.

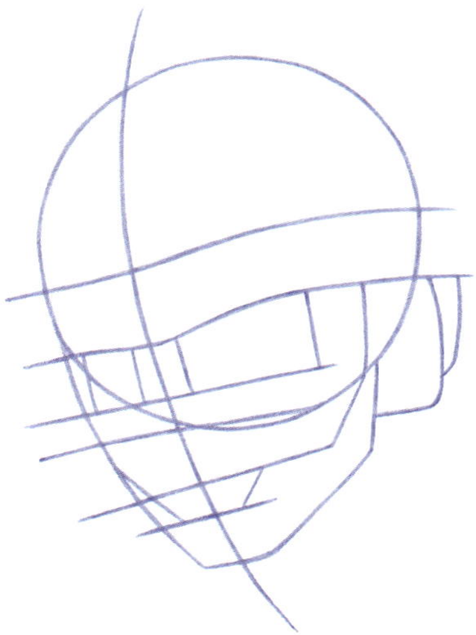

Schritt 2

Sein linkes Auge ist dem Betrachter näher als das rechte, also muss es größer sein. Zeichne es rechts neben der „Mittellinie" ein, die hier zur linken Seite verschoben ist. Im Querstreifen auf seinem Kopf liegen die Anschlüsse, die seine herausnehmbare CPU mit dem Gesicht verbinden.

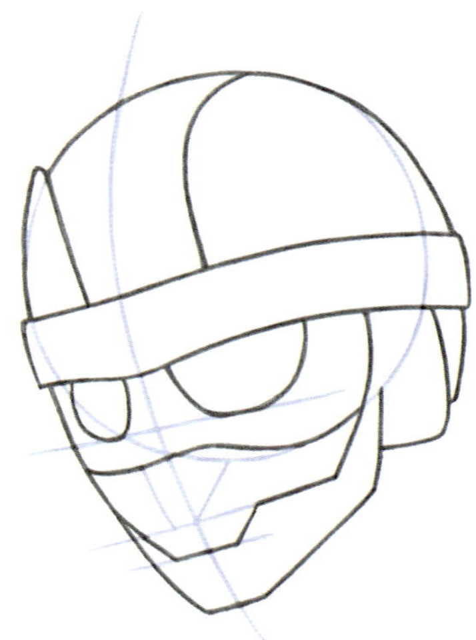

Schritt 3

Strikers Mund sitzt mitten in einem Streifen aus flexiblem Metallgewebe unter den Augen. Wenn Du diese Teile gezeichnet hast, folgen die Ohren (bzw. Geräuschdetektoren). Danach kannst Du die wichtigsten Umrisse und einige Details nachzeichnen. Radiere aber noch nicht alle Hilfslinien aus.

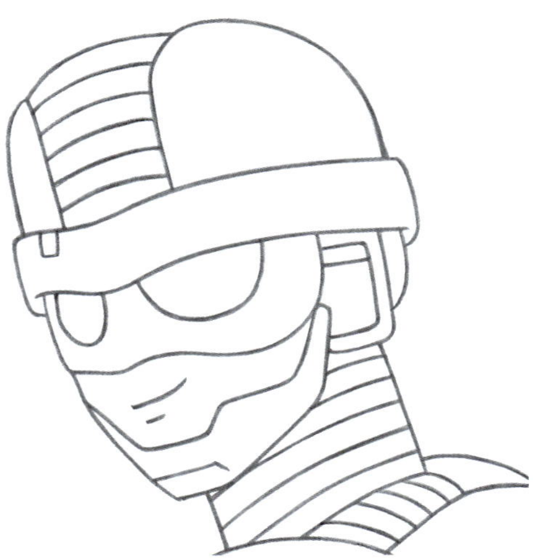

Schritt 4

Am Ende dieses Schritts sieht Striker aus, als hätte er einen schweren Unfall gehabt, nach dem Kopf und Hals mit Bandagen umwickelt wurden. So ist das, wenn man aus Metall gebaut ist. Kontrolliere, ob alle Linien schön parallel verlaufen, bevor Du sie schwarz nachziehst. Wenn sie krumm und schief sind, sieht Striker kreuzunglücklich aus.

KOPF

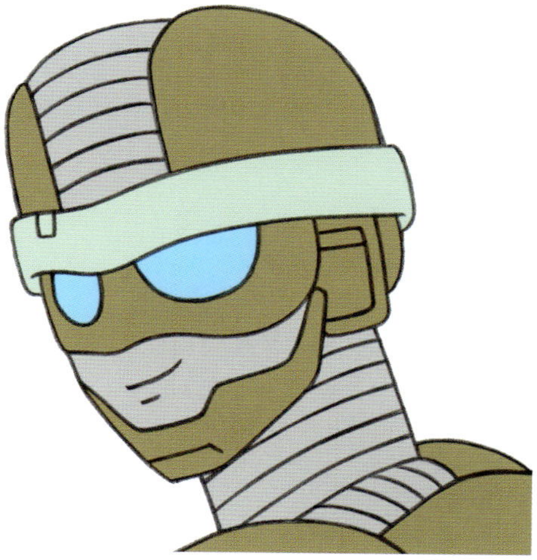

Schritt 5

Mit den Augen, die blau unter dem helmartigen Oberkopf leuchten, sieht Striker aus wie ein künstliches Insekt. Aber er hat auch etwas Menschliches und Intelligentes. Beim Kolorieren von Manga-Robotern aus Metall gibt es keine festen Regeln. Wir haben uns für eine schlammbraune Tarnfarbe entschieden, weil er ja ursprünglich ein Kampfroboter werden sollte.

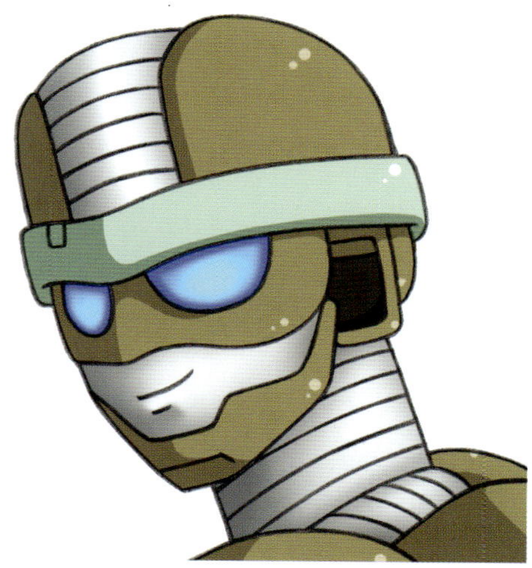

Schritt 6

Strikers Metallkörper glänzt, wenn Licht auf ihn fällt. Darum haben wir Lichtreflexe auf Kopf, Hals und Rücken eingefügt. Die abgewandte Seite des Gesichts hat einen leichten Schatten bekommen.

MIMIK

Die Gesichtsausdrücke von Manga-Robotern sind wenigstens so vielfältig wie die anderer Figuren. Im ersten Beispiel zeigen die gefletschten „Zähne" und die rot leuchtenden Augen, dass Striker wütend ist.

Im zweiten Bild mit Spiralen in den Augen und dem nach unten gekrümmten, offenen Mund ist Striker offensichtlich verwirrt. (Oder er schaut dem Schleudergang der Waschmaschine zu.) Probiere aus, was andere Veränderungen der Mimik bewirken, vielleicht ganz schmale Augen oder eine Schlangenlinie als Mund.

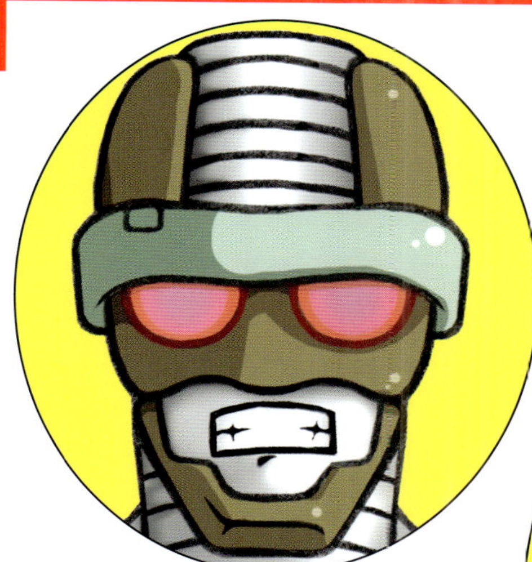

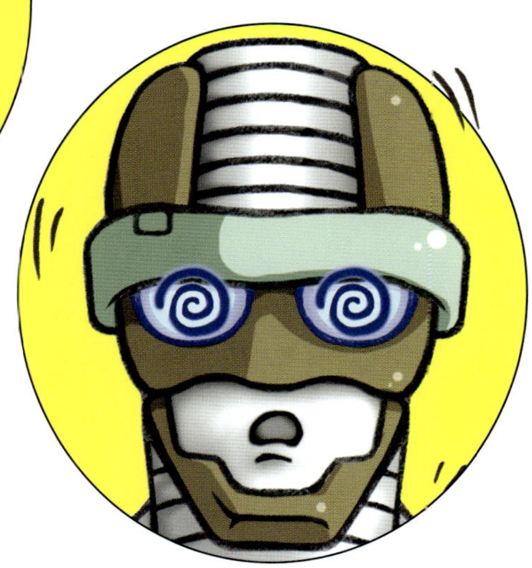

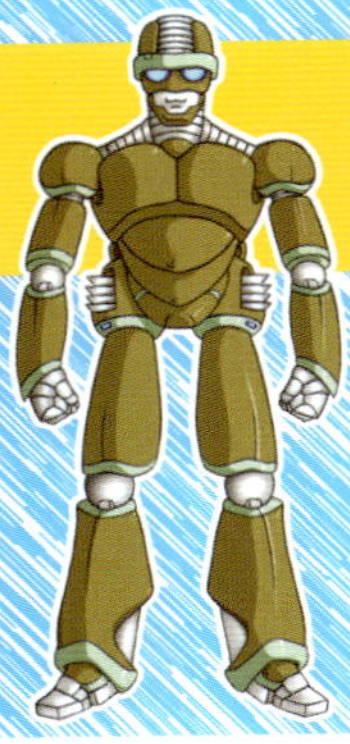

STRIKER

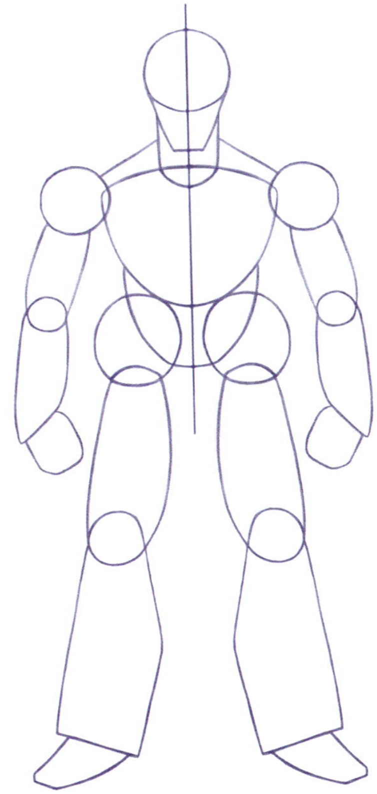

Schritt 1

Strikers Körperproportionen sind denen von Manga-Menschen recht ähnlich. Seine Arme sind etwas länger, die Fingerspitzen reichen bis zur Mitte der Oberschenkel. Zeichne Deine Figur so, dass sie sehr stark aussieht, aber übertreibe es nicht: Er ist schlank, denn er war ja als Kämpfer geplant.

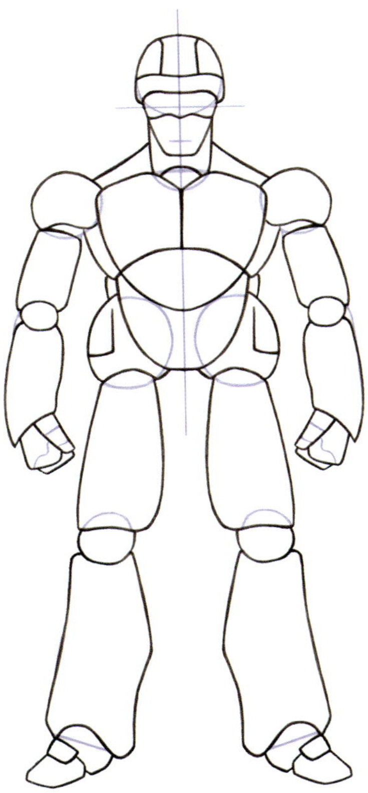

Schritt 2

Zeichne dort, wo sich die vereinfachten Grundformen der Arme und Beine überschneiden, die Knie- und Ellenbogengelenke ein. Da dies ein Roboter ist, müssen die beiden Körperhälften beiderseits der Mittellinie genau spiegelbildlich sein.

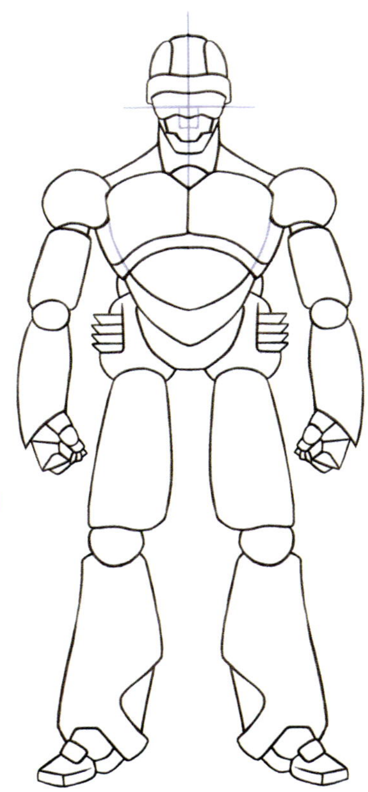

Schritt 3

Hast Du die raffinierten Hände gesehen? Offen oder als Faust – sie sehen aus, als seien sie stark genug, um eine Eisenstange zu zerdrücken. Solche Kleinigkeiten geben Manga-Figuren ihren Charakter.

KÖRPER

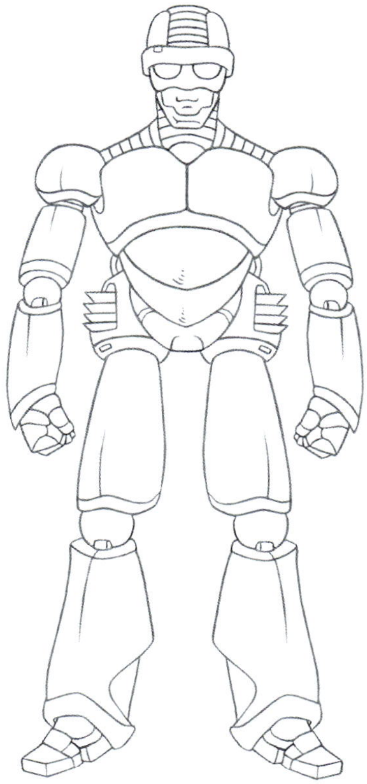

Schritt 4

Wenn alle Details eingezeichnet und die Konturen schwarz nachgezeichnet sind, sieht Striker aus, als käme er geradewegs aus einem Sciencefiction-Film. Jetzt kannst Du noch Feinheiten wie die Kühlrippen an den Hüften oder einen Schriftzug auf der Brust ausarbeiten.

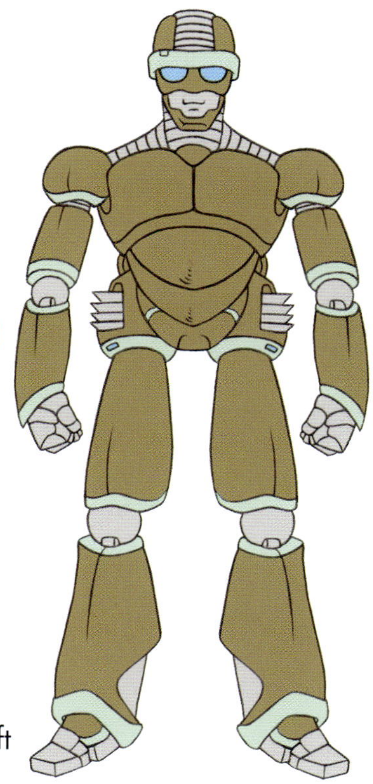

Schritt 5

Marker sind ideal, um größere Flächen auszumalen. Am gleichmäßigsten wird die Farbe, wenn Du immer die gleiche Strichrichtung beibehältst und nicht über die schwarzen Konturlinien hinausmalst. Für Feinheiten kannst Du auch einen Pinselstift benutzen.

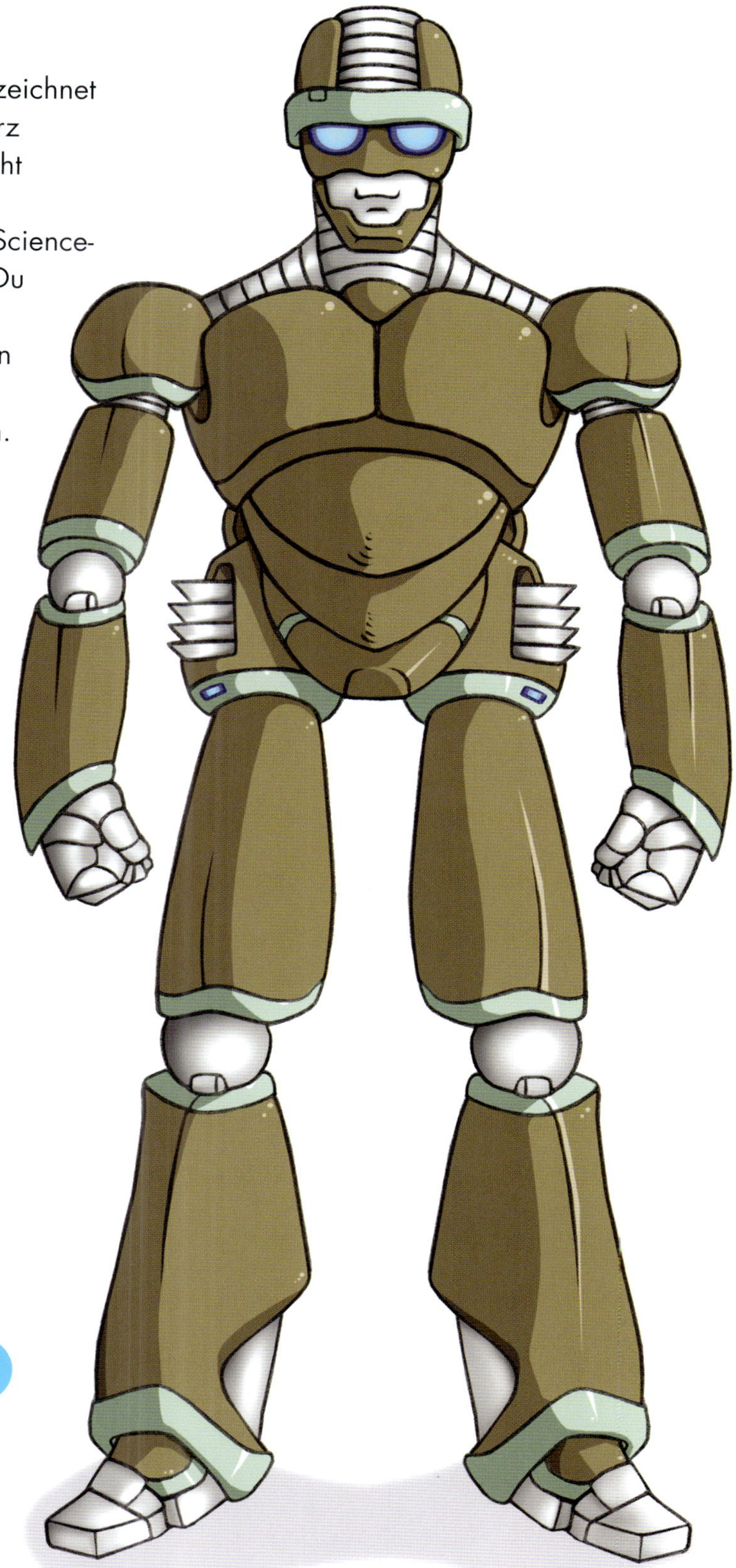

Schritt 6

Schatten zeigen, von wo das Licht einfällt. Weiße Lichtreflexe auf den Gelenken und anderen Metallteilen beweisen, dass Striker nicht nur das Haus perfekt putzt, sondern auch seinen Metallanzug.

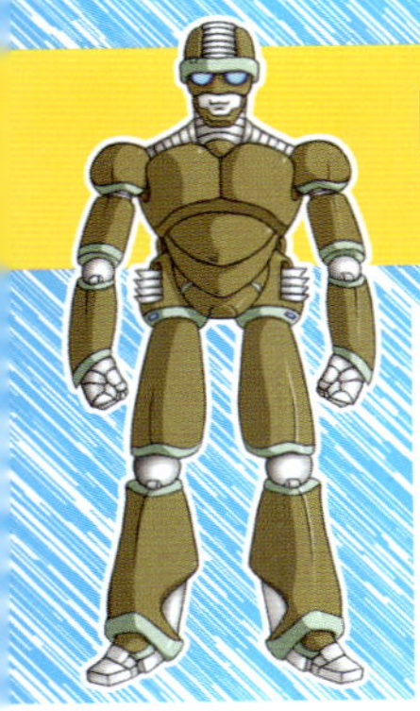

STRIKER

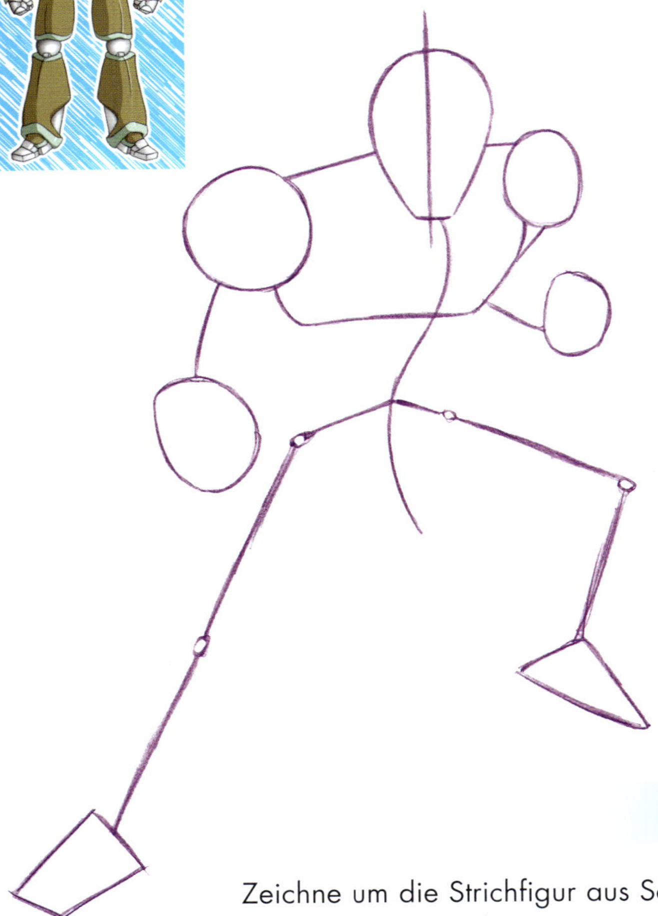

Schritt 1

Schau Dir die fertige Zeichnung auf der nächsten Seite eine oder zwei Minuten lang genau an und achte darauf, wie das Gewicht verteilt ist. Vom rechten Arm ist nur der Oberarm zu sehen. Körperteile, die uns nah sind, sehen deutlich größer aus als andere, die weiter entfernt sind. All das solltest Du schon in Deiner allerersten Zeichnung berücksichtigen.

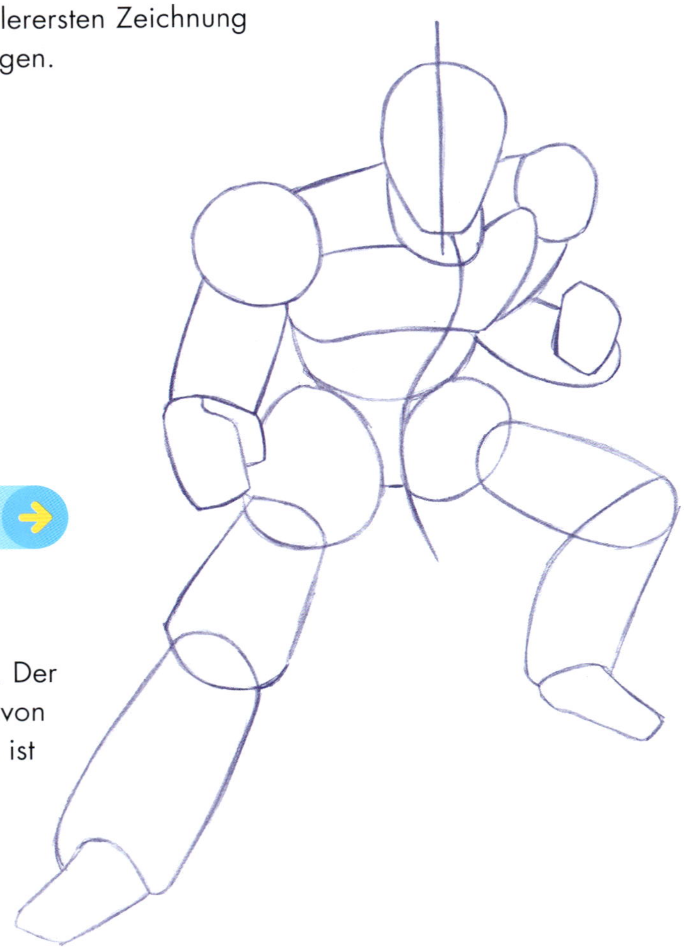

Schritt 2

Zeichne um die Strichfigur aus Schritt 1 die kräftigen Arme und Beine. Die riesige rechte Faust verdeckt den Blick auf seinen Unterarm. Der Oberkörper ist leicht gedreht, also sieht man von einer Seite mehr als von der anderen. Darum ist auch die Mittelachse seitlich verschoben.

DETAILS

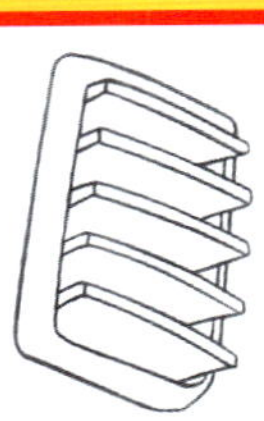

Lamellen sorgen für gute Kühlung.

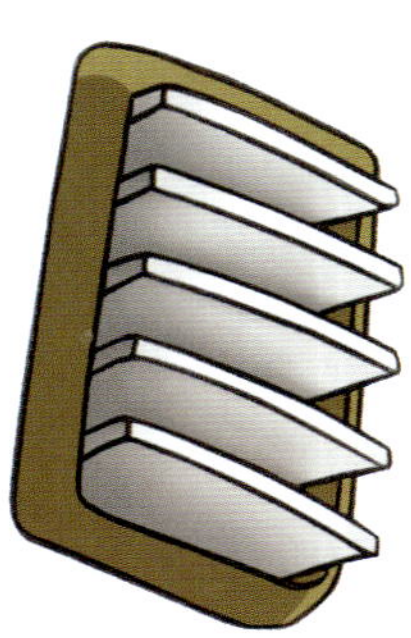

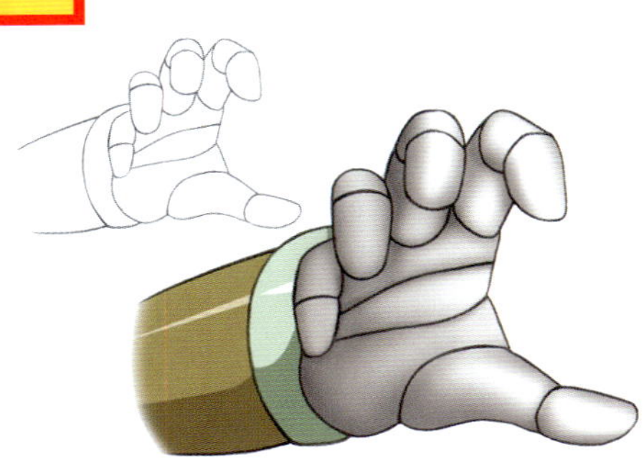

Striker kann kraftvoll zupacken.

Raffiniert konstruierte Füße

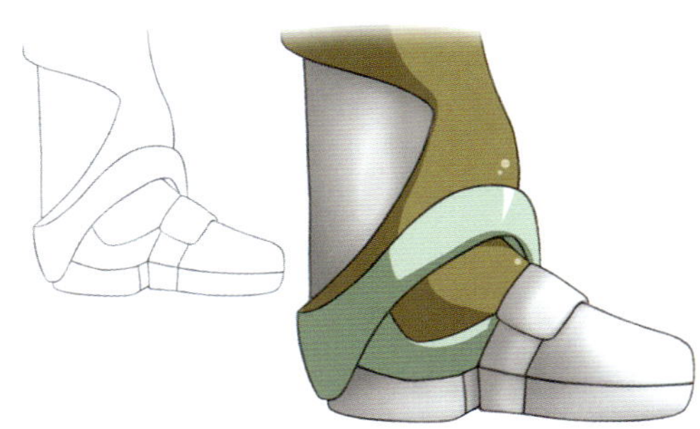

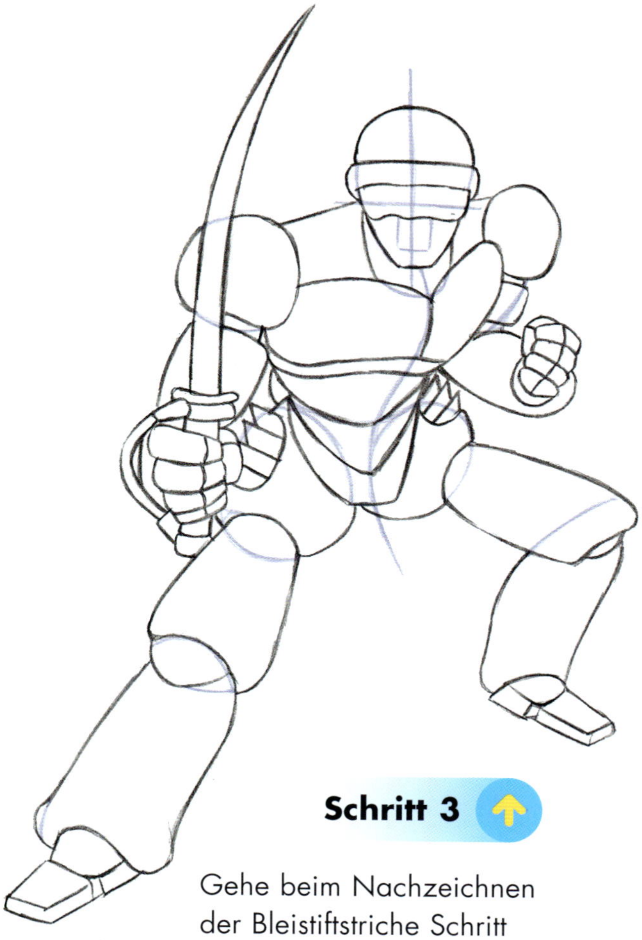

Schritt 3

Gehe beim Nachzeichnen der Bleistiftstriche Schritt für Schritt vor. Beginne mit dem Kopf. Wenn er fertig ist und alle Einzelheiten schwarz nachgezogen sind, radiere die Hilfslinien aus. Erst dann nimmst Du Dir den nächsten Teil des Körpers vor.

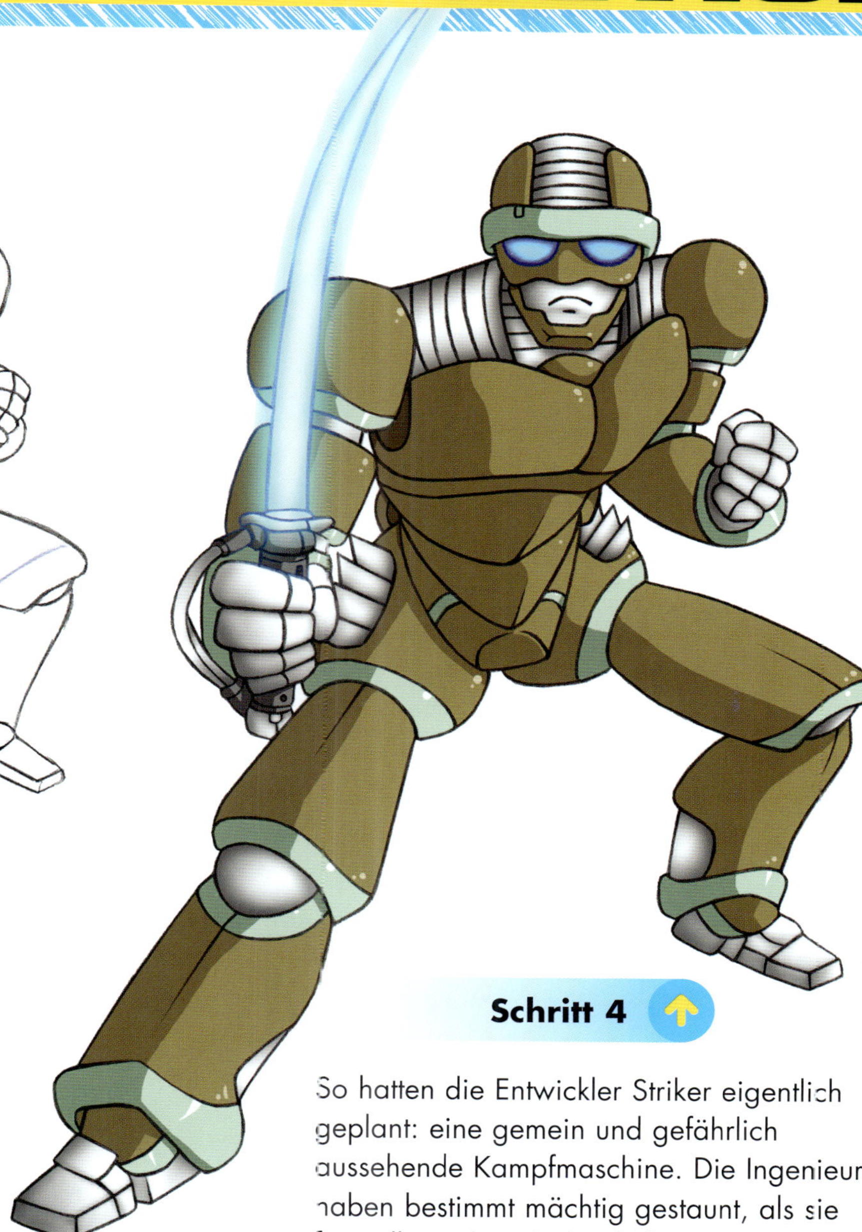

Schritt 4

So hatten die Entwickler Striker eigentlich geplant: eine gemein und gefährlich aussehende Kampfmaschine. Die Ingenieure haben bestimmt mächtig gestaunt, als sie feststellten, dass Striker lieber im Garten Laub harkt, als sich mit Feinden anzulegen.

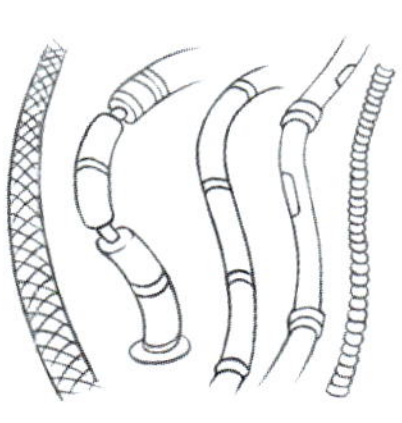

Für jede Funktion ein Kabel

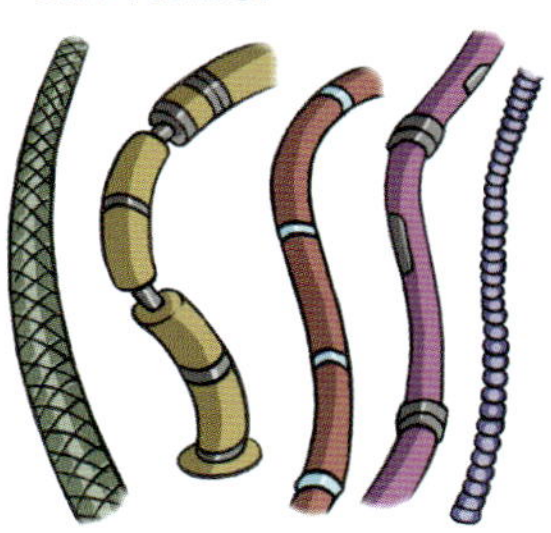

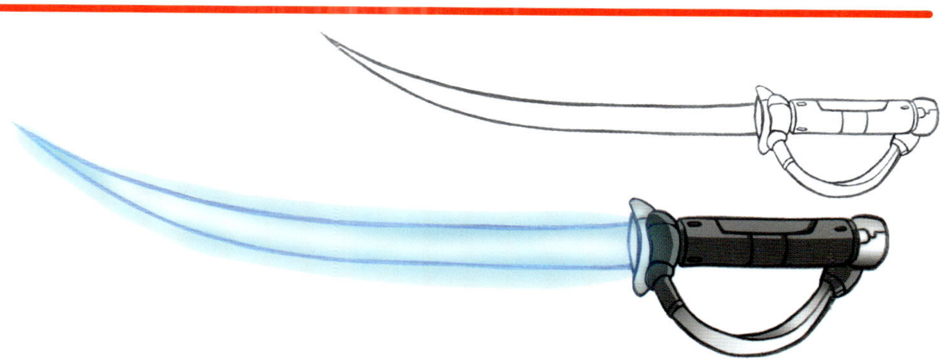

Traditionelle Waffen mit Technik der Zukunft – das ist typisch Manga.

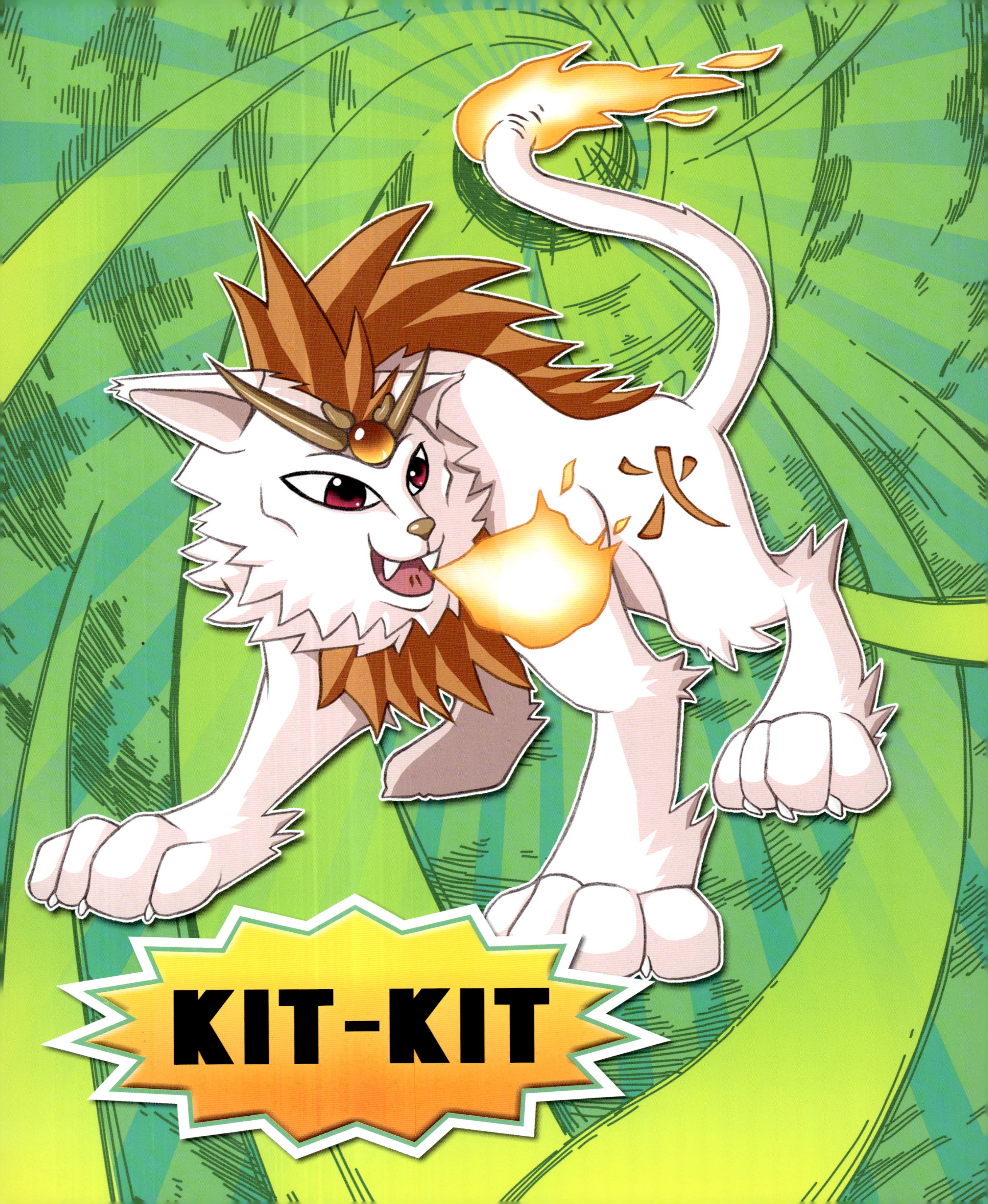
KIT-KIT

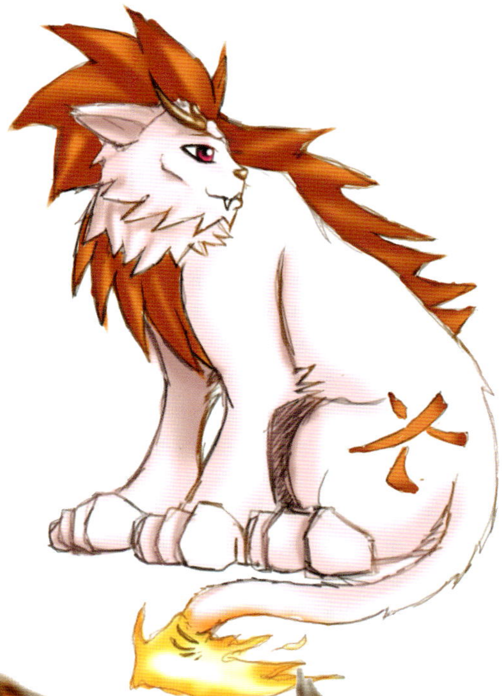

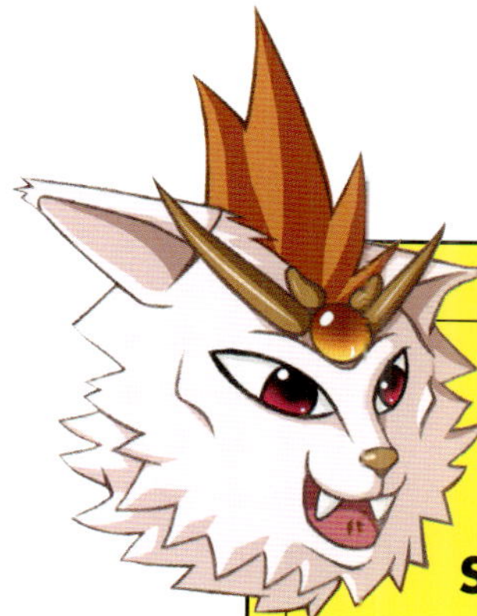

Kit-Kit

Alter: 4

Ort: Tokio, Japan

Schulterhöhe: 70 cm

Gewicht: 72 kg

Interessen & besondere Fähigkeiten:
speit Flammen, ist feuerfest, kann sich unsichtbar machen

Wer ist der coolste Kater im Viertel? Wer hat einen Schwanz, der brennt wie ein olympisches Feuer? Wer kann sich unsichtbar machen, wenn es sein muss – eben noch hier, plötzlich verschwunden? Wer nutzt diese Fähigkeit, um ein bisschen Ärger zu machen (zugegeben: reichlich Ärger)? Das ist Kit-Kit, Heathers Lieblingskater.

Natürlich hat er auch Schwächen. Er schläft viel. Er frisst viel. Und ihm ist ganz egal, über wessen Essen er sich gerade hermacht. Wenn Kit-Kit nervös wird, fängt sein Schwanz an zu brennen – dann weiß jeder, dass er wieder etwas angestellt hat.

Trotz aller Fehler ist er unglaublich freundlich und anhänglich. Er ist ein verlässlicher Freund und würde sich selbst opfern, um Heather zu verteidigen. Zum Glück hat Kit-Kit neun Leben – aber das ist für Katzen ja ganz normal.

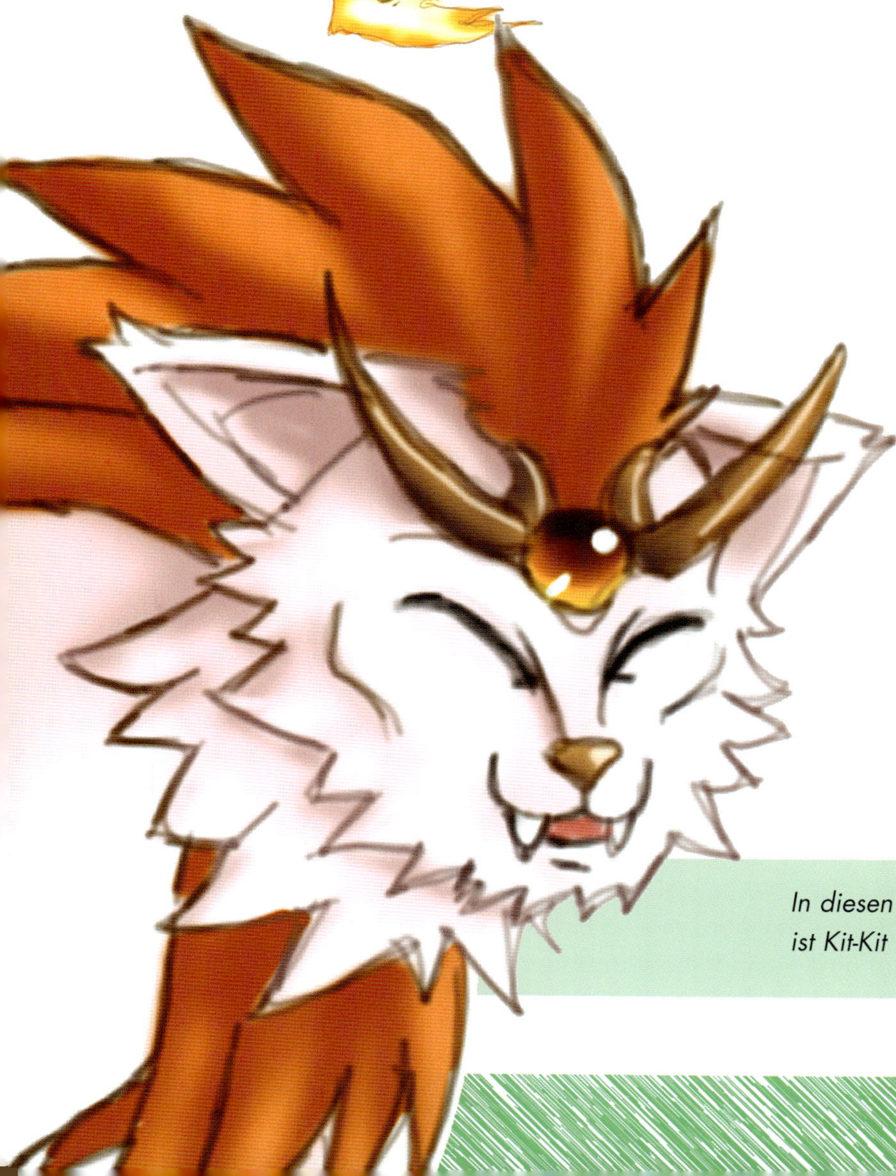

In diesen Zeichnungen ist Kit-Kit total entspannt.

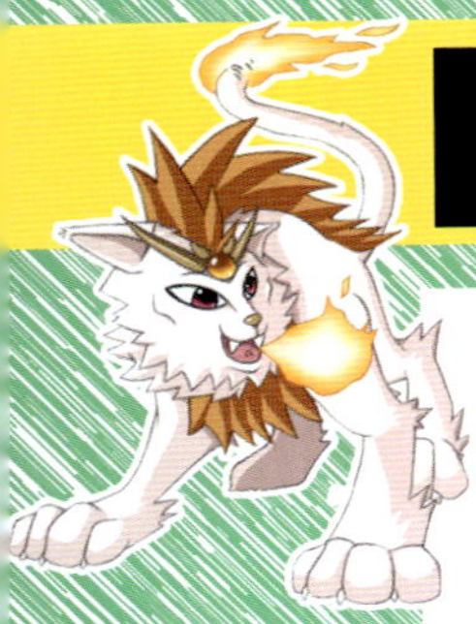

KIT-KIT

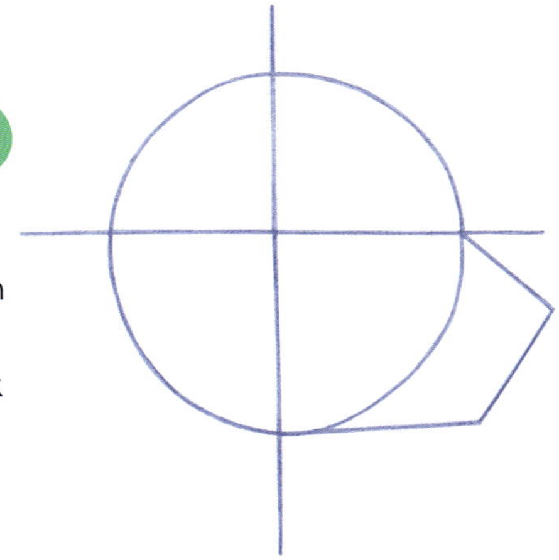

Schritt 1

Alle Katzen, auch Fantasiegeschöpfe wie Kit-Kit, haben eine spitze Schnauze, deren Neigung oberhalb der Augen beginnt. Beim Zeichnen fängst Du wie immer mit einem Kreis und einem Kreuz an. Hänge unten rechts ein Dreieck mit abgeschnittener Spitze an den Kreis.

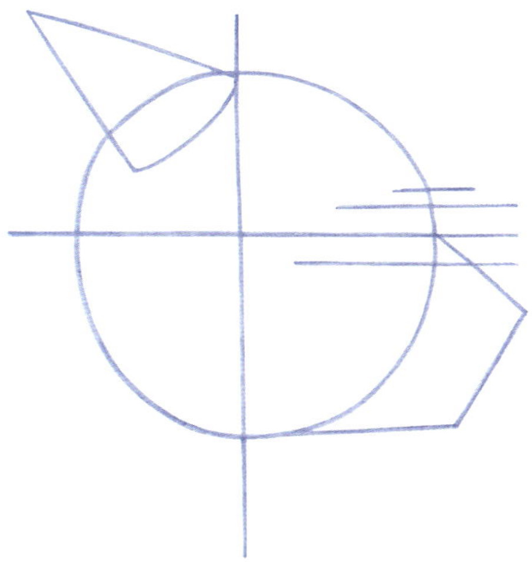

Schritt 2

Manga-Figuren haben immer große Augen. Das gilt auch für Tiere. Ihre Position muss aber stimmen, sonst sieht K-K ziemlich uncool aus. Zwei waagerechte Hilfslinien, eine über der Mittellinie und eine darunter, zeigen Dir die richtige Lage. Aus dem Kegel gegenüber der Schnauze wird später das Ohr.

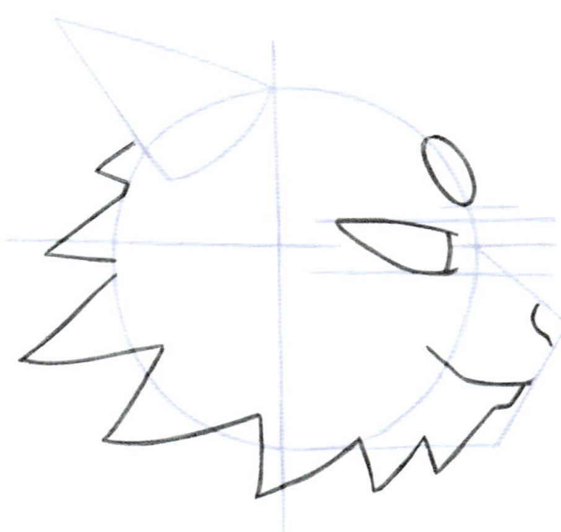

Schritt 3

Zeichne jetzt das Gesicht: das schräg stehende, mandelförmige Auge, eine Linie für das Maul, die Andeutung der Nase und das längere Fell am Hals. Allmählich sieht K-K aus wie ein Kater, und sogar sein frecher Charakter ist schon zu ahnen.

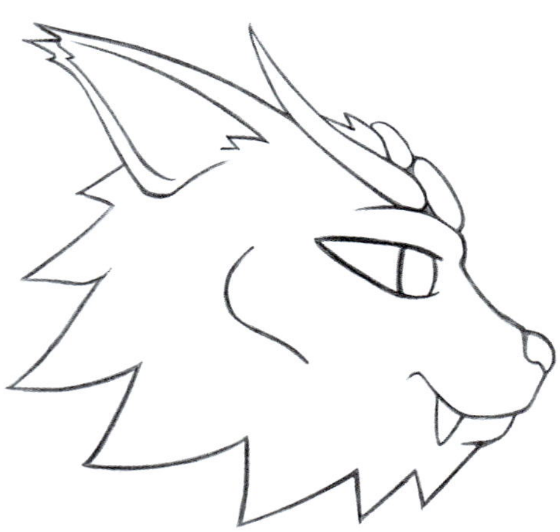

Schritt 4

Die Augenbrauen sind auch bei Manga-Tieren wichtig für Typ und Mimik. K-Ks Augenbrauen beginnen in der Mitte der Stirn und laufen in einem eleganten Bogen bis zum spitzen Ohr, das der Schnauze gegenüberliegt. Aus dem Maul schaut ein Reißzahn – ein klares Zeichen, dass dieser geliebte Stubentiger im Grunde seines Wesens doch ein Raubtier ist.

KOPF

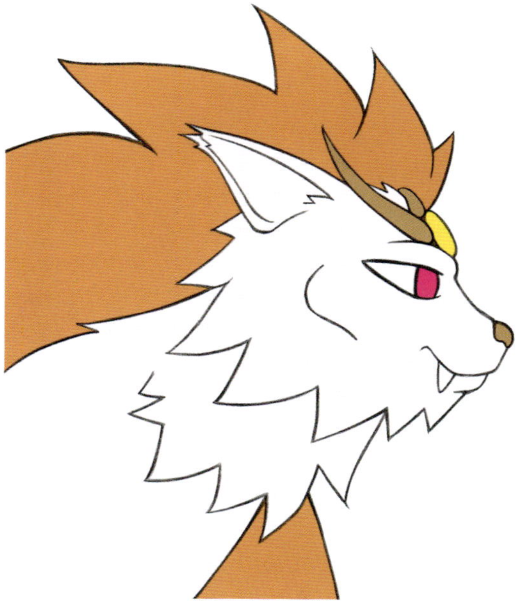

Schritt 5

Manga-Junge? Manga-Mädchen? Manga-Tier? Ganz egal, die typischen Haare haben sie alle. Die Farbe kannst Du selbst aussuchen, sie sollte aber dunkler sein als das Fell von Hals und Gesicht. Nur dann hilft es, seinen Charakter zu erkennen. Nimm als Grundfarbe für die Augen ein leuchtendes Rot oder Pink, dann brennen sie so lichterloh wie sein Schwanz.

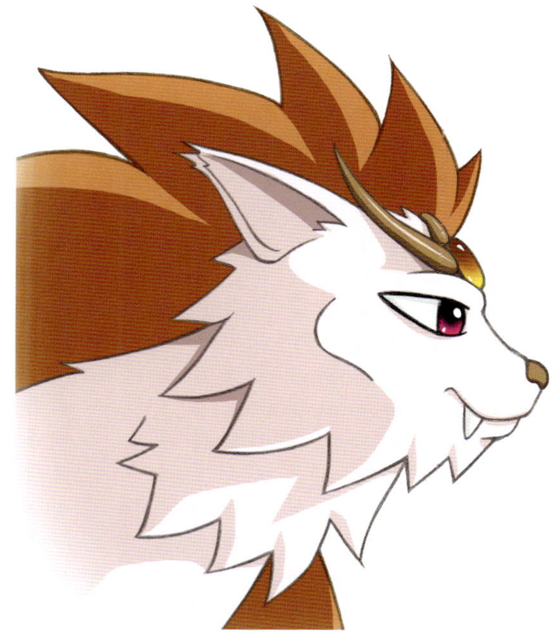

Schritt 6

Eine prächtige Mähne, blitzende Augen und ein aufmerksames Gesicht. Mach Dir nichts draus, wenn Dein erster Versuch keine Ähnlichkeit mit einer Fantasiekatze hat. Es ist gar nicht so leicht, Manga-Gesichter zu zeichnen, aber Üben lohnt sich.

MIMIK

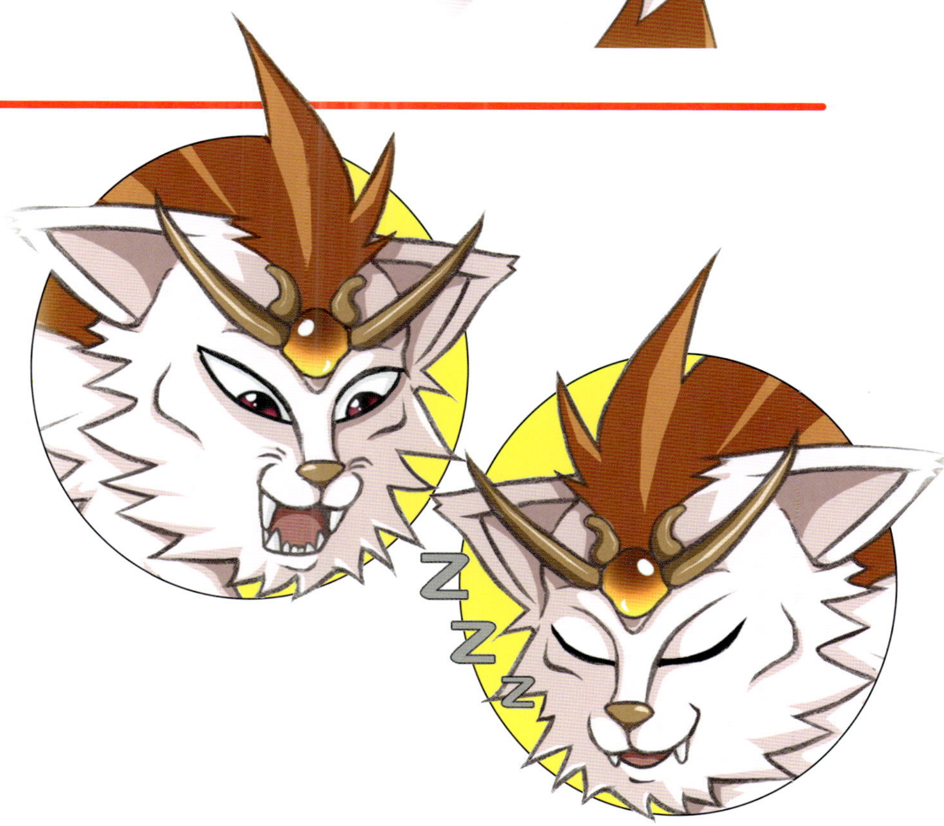

Wenn Du selbst eine Katze hast, weißt Du, dass sie genau so verschiedene Gesichtsausdrücke haben kann wie ein Mensch. Das erste Bild zeigt Kit-Kit mit offenem Maul und gebleckten Zähnen, die glänzenden Augen fest auf einen Punkt gerichtet: wachsam und angespannt wie ein Panther auf der Pirsch. Gleich wird er sich auf etwas stürzen – vielleicht eine Maus?

Auf dem zweiten Bild sieht er ganz anders aus. Schwarze, nach oben gekrümmte Bögen deuten die geschlossenen Augen an, das Maul ist leicht geöffnet. Er schläft vollkommen entspannt und zufrieden.

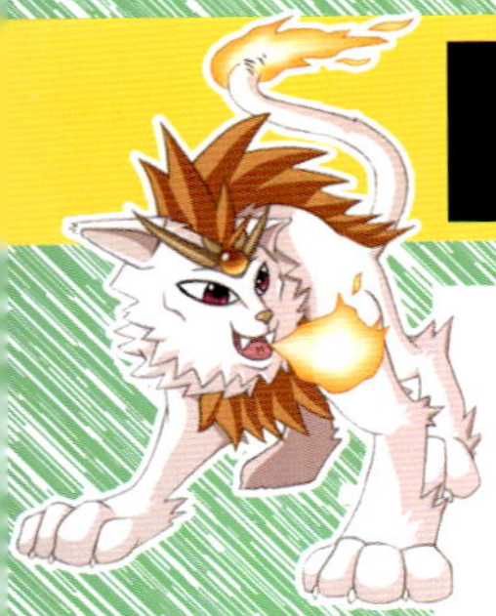

KIT-KIT

Schritt 1

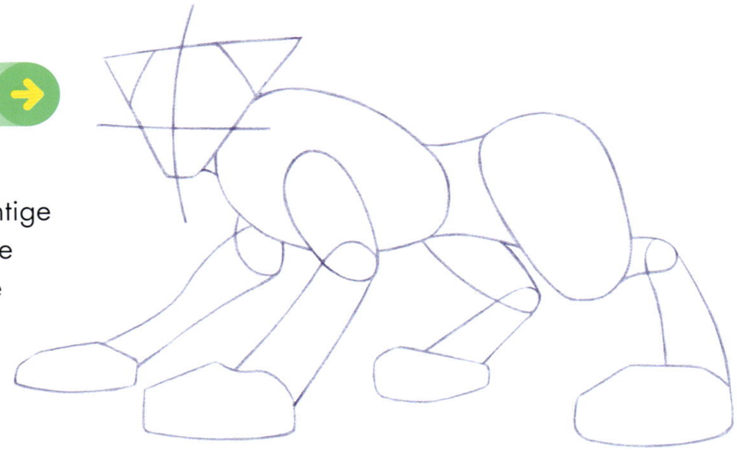

Jetzt zeichnen wir Kit-Kits Kopf schräg von vorn. Das Dreieck, aus dem sich der prächtige Manga-Kopf entwickeln wird, ist durch eine waagerechte und eine senkrechte Hilfslinie durchschnitten. Rumpf und Gliedmaßen bestehen in diesem Stadium aus fünfzehn einfachen, miteinander verbundenen Grundformen.

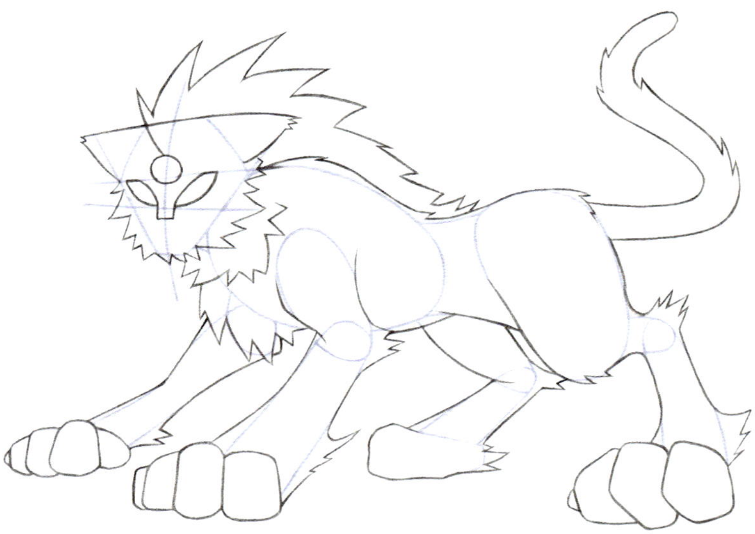

Schritt 2

Eine Hinterpfote liegt im Schatten. Bei ihr brauchst Du Form und Fell nur anzudeuten. konzentriere Dich auf die drei anderen Beine. Die Pfoten sehen kräftig aus, aber wie alle Katzen kann Kit-Kit darauf geräuschlos durch Heathers Haus streifen.

Schritt 3

Deute das Fell an Schwanz und Beinen an und zeichne erste Details in die Ohren. Wenn dieser Schritt abgeschlossen ist, sind die Konturen des coolen Katers fertig. Seine Haltung verrät, dass er stark und wendig ist – eben ein topfittes Katzentier.

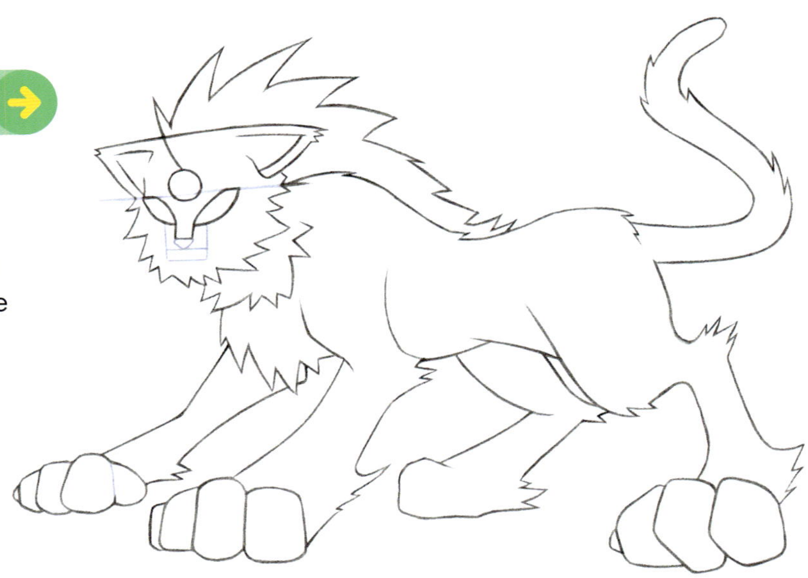

KÖRPER

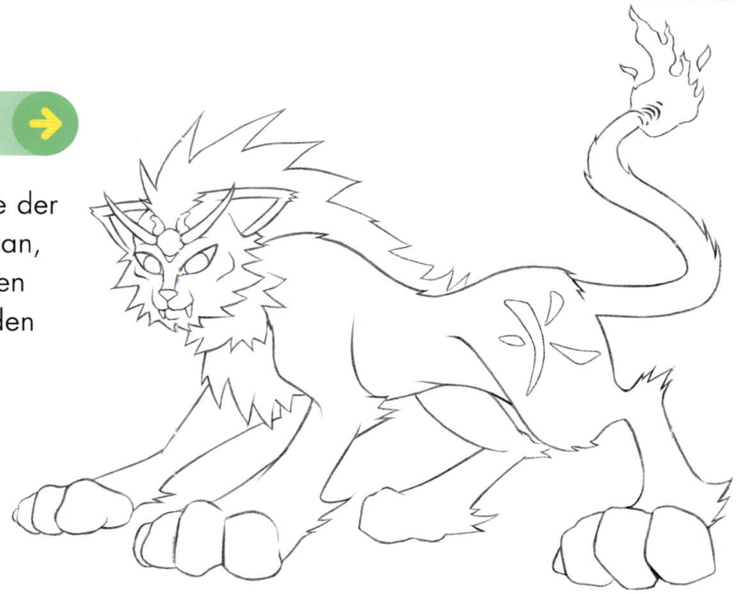

Schritt 4

Die Augenbrauen steigen steil wie Hörner über der Mitte der Stirn an, und die beiden spitzen Zähne erinnern uns daran, dass K-K eine Großkatze ist. Zwei seiner Merkmale haben Tiger & Co. aber nicht: das „Tattoo" auf der Hüfte und den brennenden Schwanz.

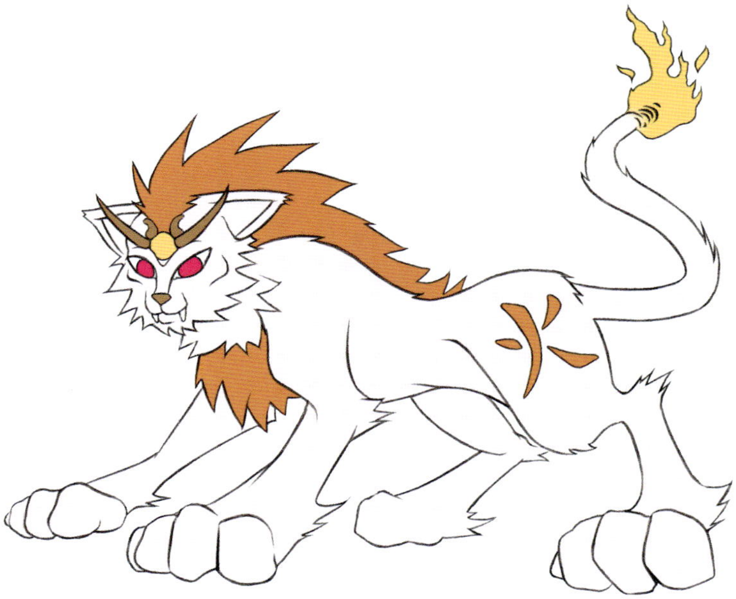

Schritt 5

Wir haben den Körper in einem hellen Farbton koloriert. Du kannst aber natürlich eine andere Farbe wählen. Nimm für Mähne und Tattoo dieselbe Kontrastfarbe, denn er ist auf beides gleich stolz. In diesem Stadium sieht K-K aus, als sei er gerade dabei, sich unsichtbar zu machen – wie immer, wenn er in Schwierigkeiten steckt.

Schritt 6

Die Flamme am Schwanzende hat eine rote Kontur und ein weiß glühendes Zentrum. Man kann ihre Hitze beinahe spüren. Die scharfen Augen leuchten und sind fest auf etwas gerichtet – vermutlich etwas Essbares. Weil er auf allen vier Pfoten steht, wirft er auf den Boden einen Schatten. Und durch den dunklen Schatten auf dem Hinterbein wirkt er dreidimensional.

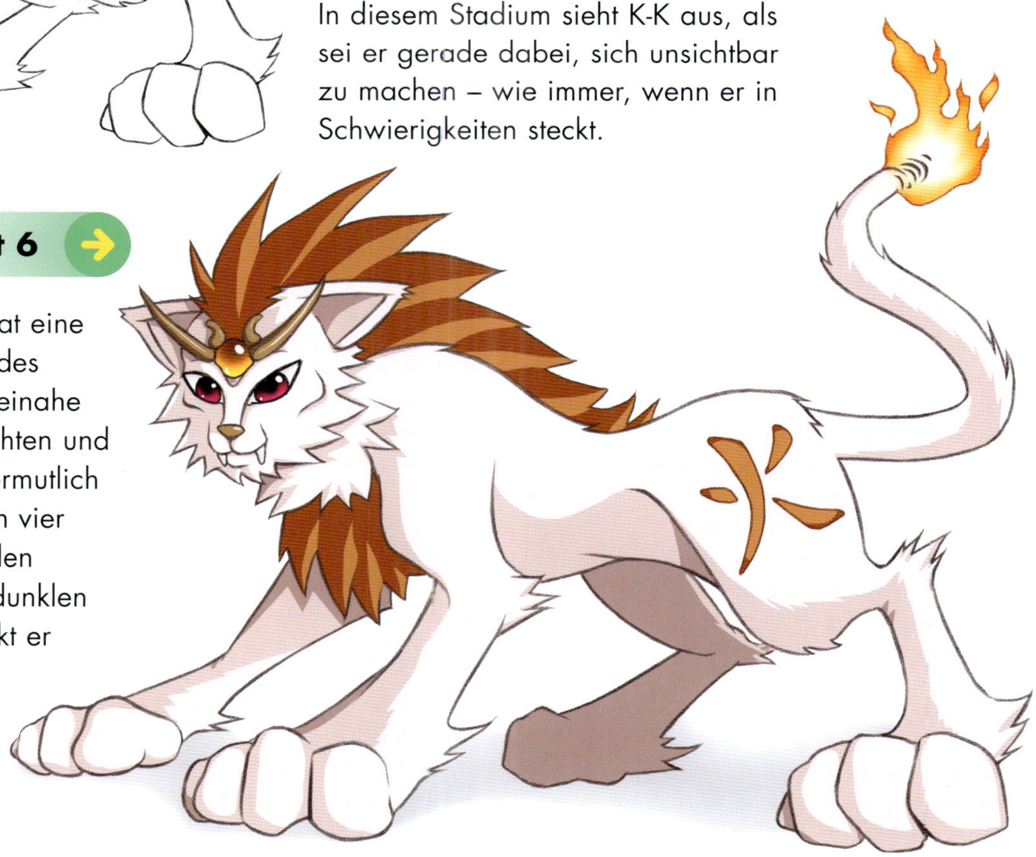

KIT-KIT

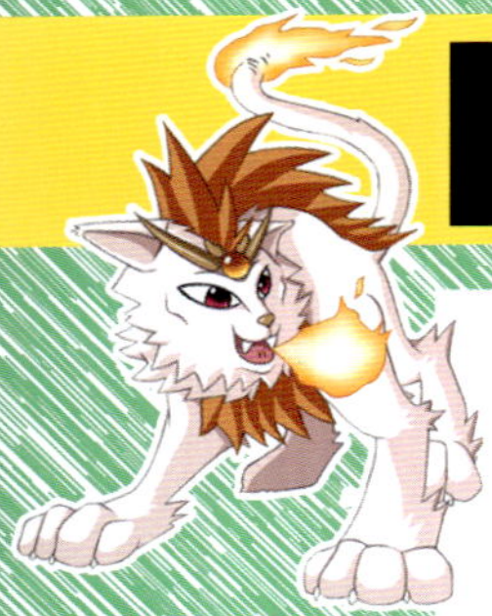

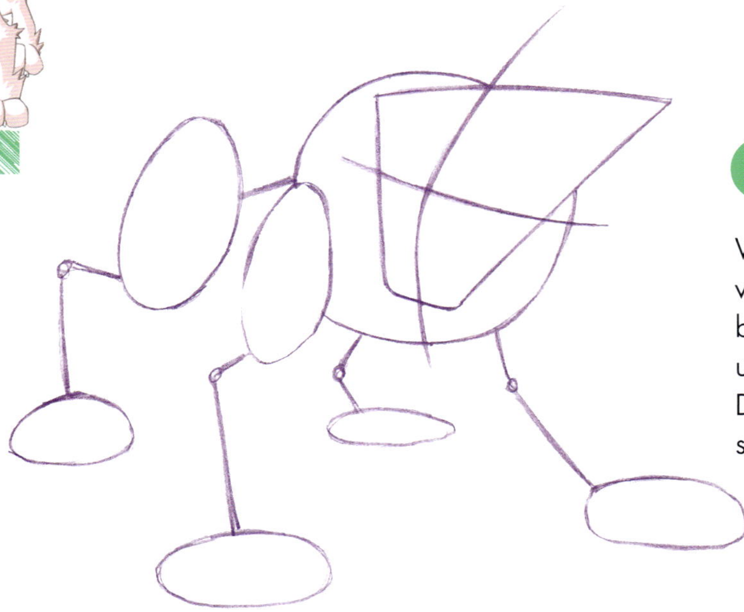

Schritt 1

Wenn Du Kit-Kit in Bewegung zeichnest, versuche es mit einer angespannten oder bedrohlichen Haltung. Der Rumpf ist verkürzt und wird vorerst nur als Kreis gezeichnet. Der Kopf ist zur Seite gedreht, darum wird seine Mittelsenkrechte verschoben. Die Beine sind in diesem Stadium nur Striche mit Punkten für die Gelenke.

Schritt 2

Am Ende dieses Arbeitsschritts soll die Haltung der Katze klar erkennbar sein: alarmiert und sprungbereit. Die Verkürzung des am weitesten entfernten Hinterbeins muss schon berücksichtigt werden. Sie sorgt dafür, dass Kit-Kit in der fertigen Zeichnung dreidimensional wirkt. In diesem Stadium ist er noch nicht klar als Katze zu erkennen, er könnte auch ein Monster werden.

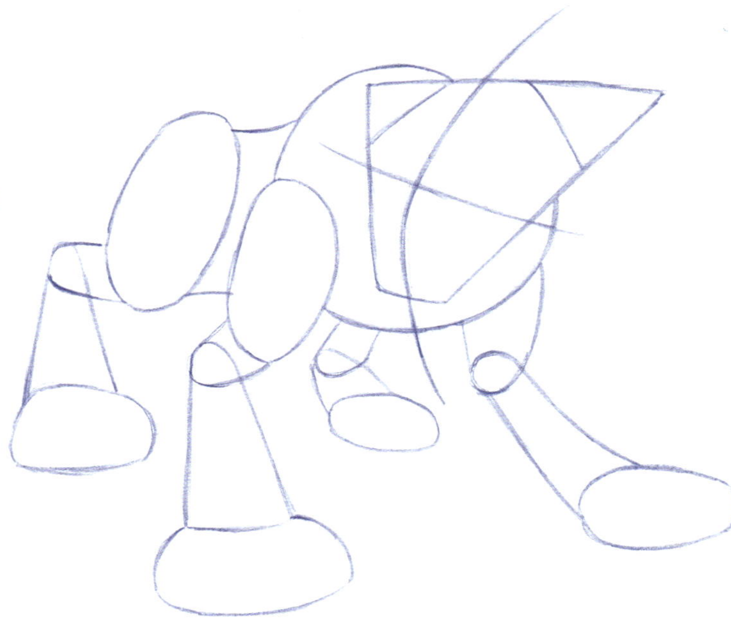

DETAILS

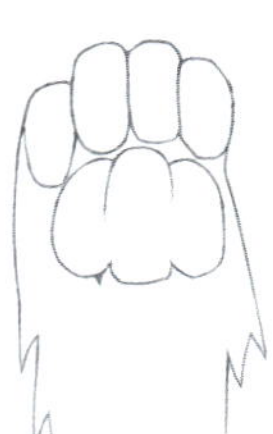

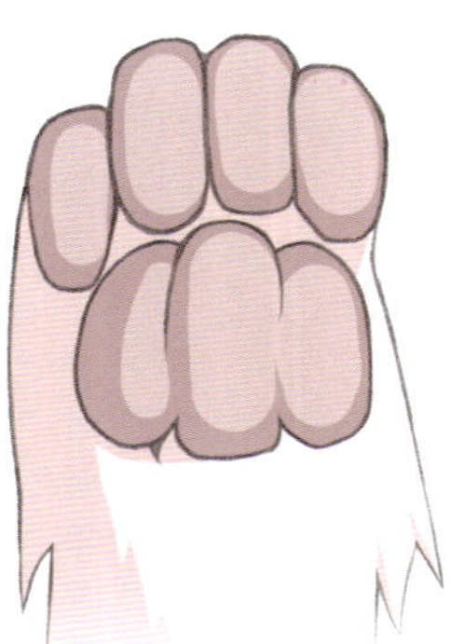

Auf weichen Pfoten schleicht er lautlos umher.

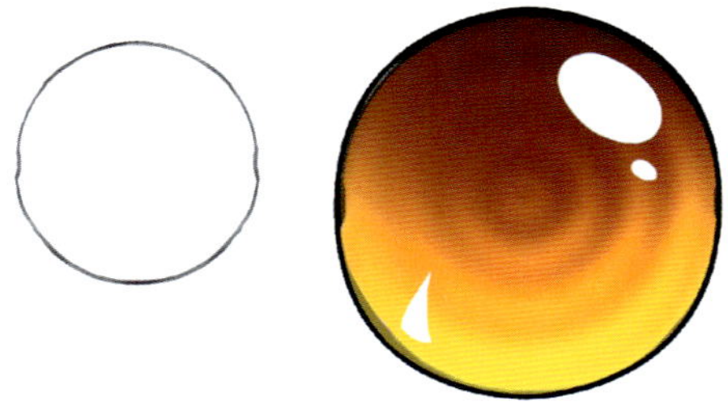

Weiße Lichtreflexe bringen den Stein auf seiner Stirn zum Glänzen.

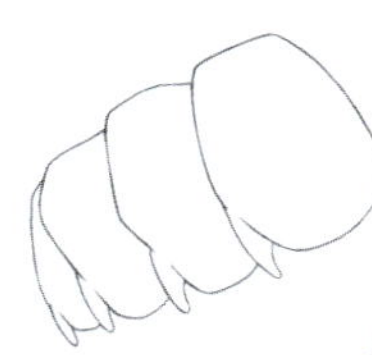

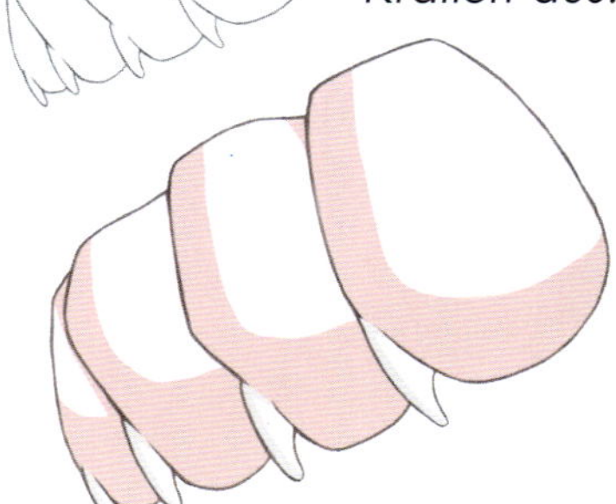

Bei Bedarf fährt er die Krallen aus.

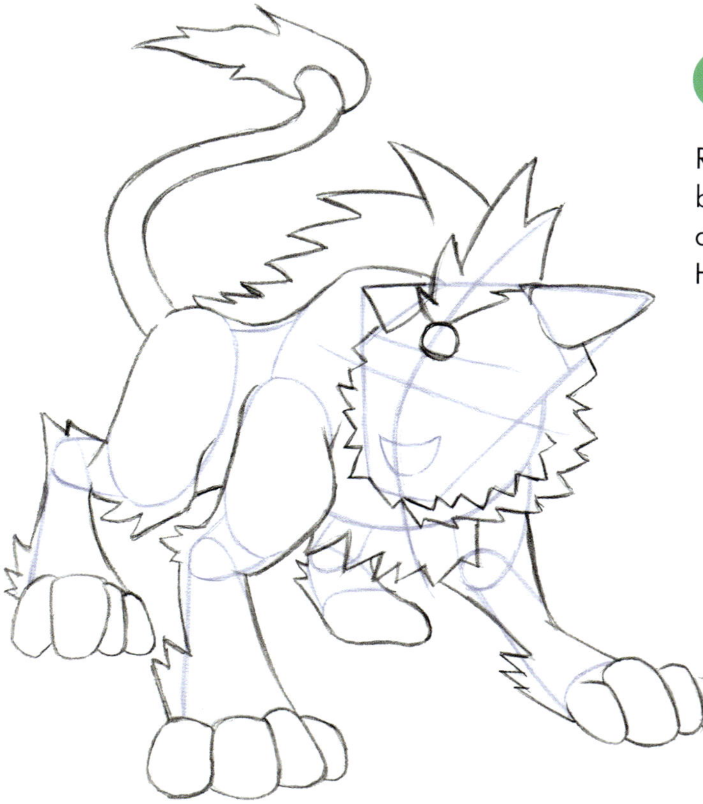

Schritt 3

Radiere die Hilfslinien erst aus, wenn Du sicher bist, dass die Haltung genau stimmt. Drücke mit dem Bleistift nicht zu fest auf, sonst bleiben die Hilfslinien später noch sichtbar.

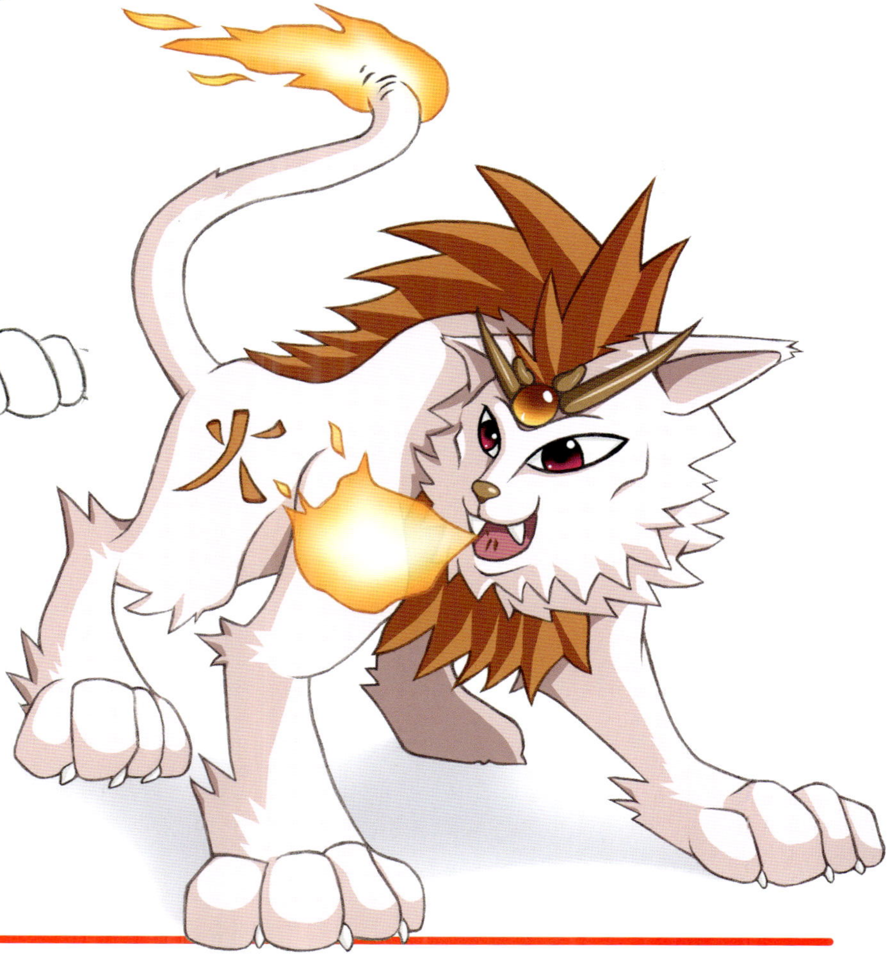

Schritt 4

Wieder liegt eins der Hinterbeine im tiefen Schatten und hat kaum Details. Durch den Schatten links von der Mähne rückt das Gesicht näher zum Betrachter. Zeichne zum Schluss die Flamme am Schwanz und den feurigen Atem ein.

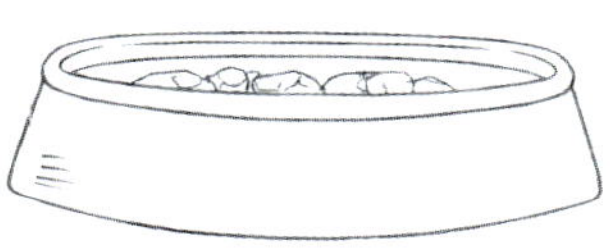

„Pfoten weg – das ist meins!"

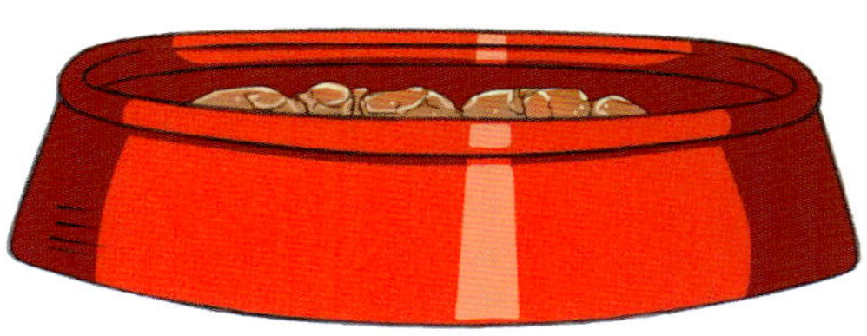

Wie alle Katzen, kann K-K seine Krallen einziehen.

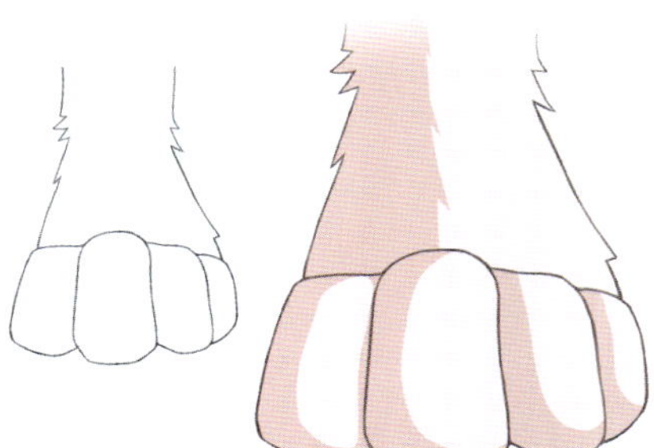

Wenn es brenzlig wird …

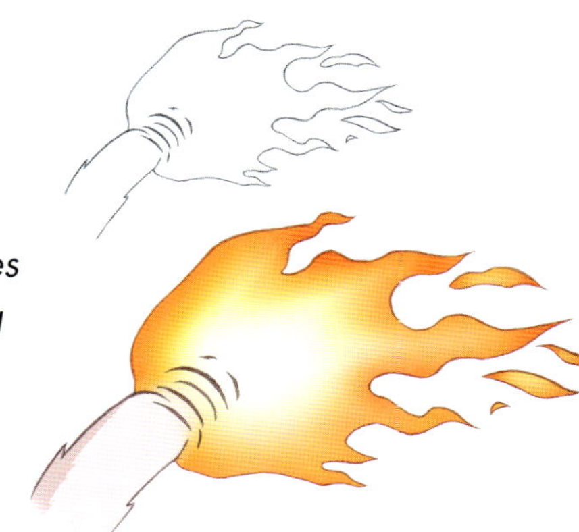

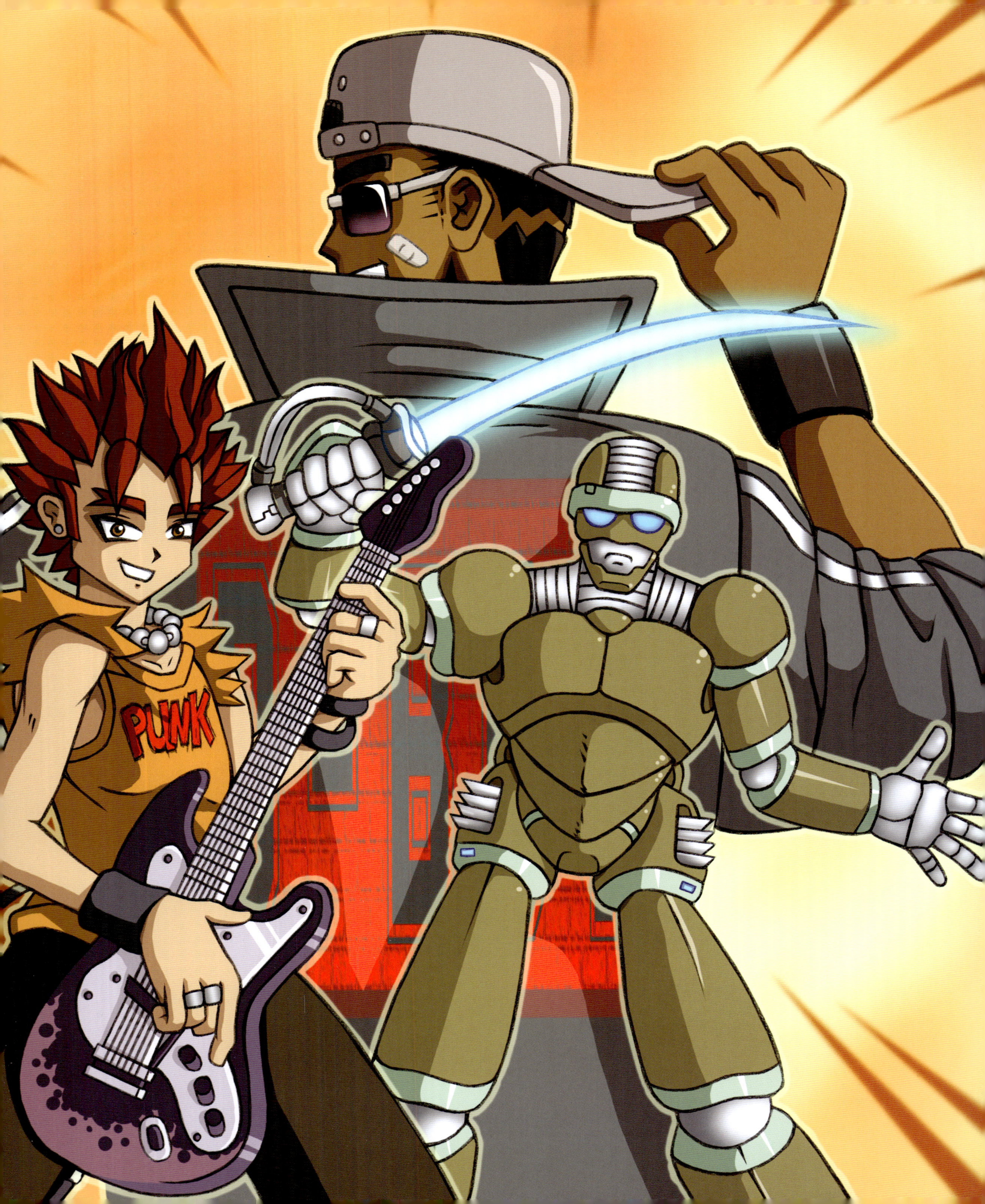
PUNK

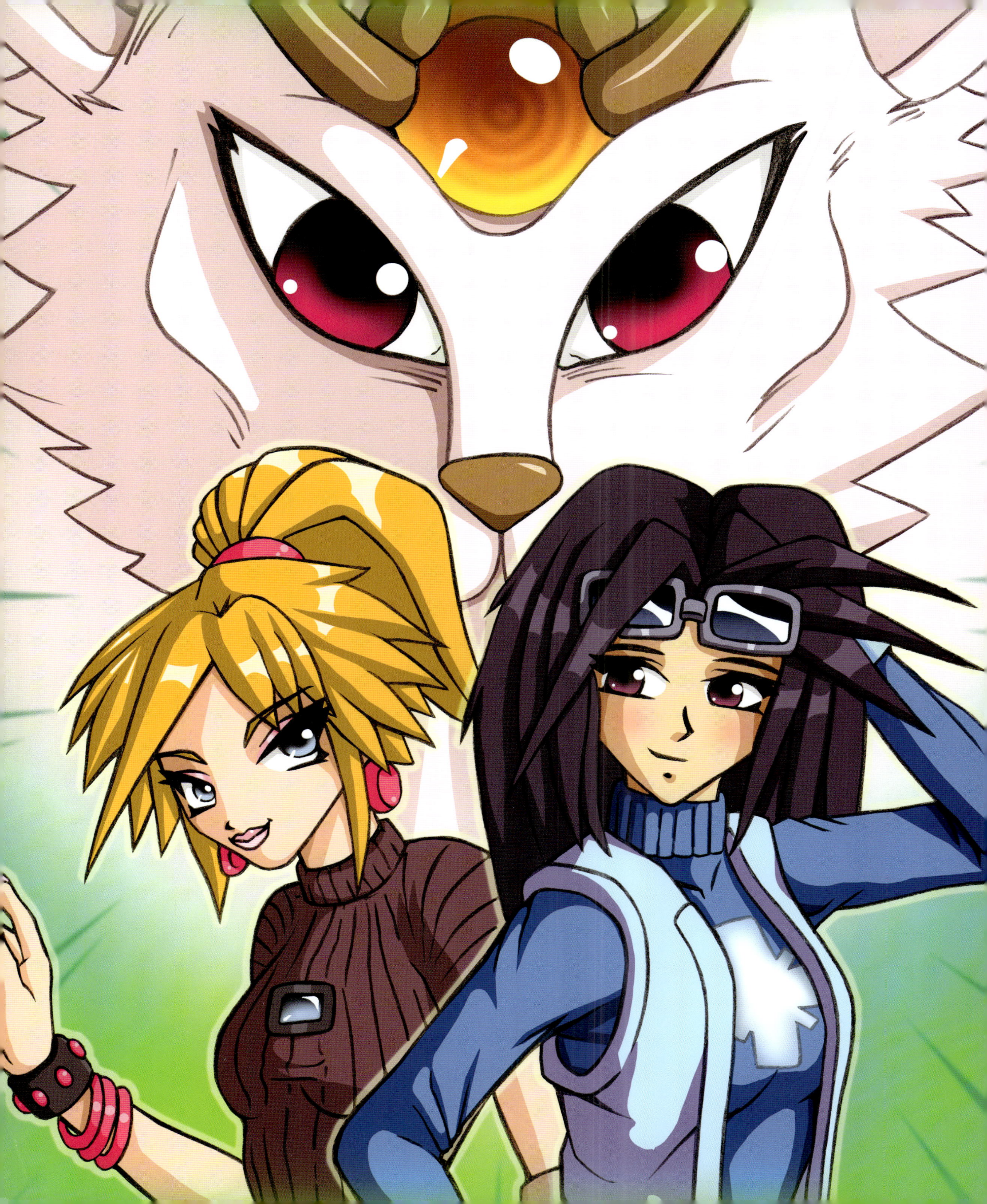

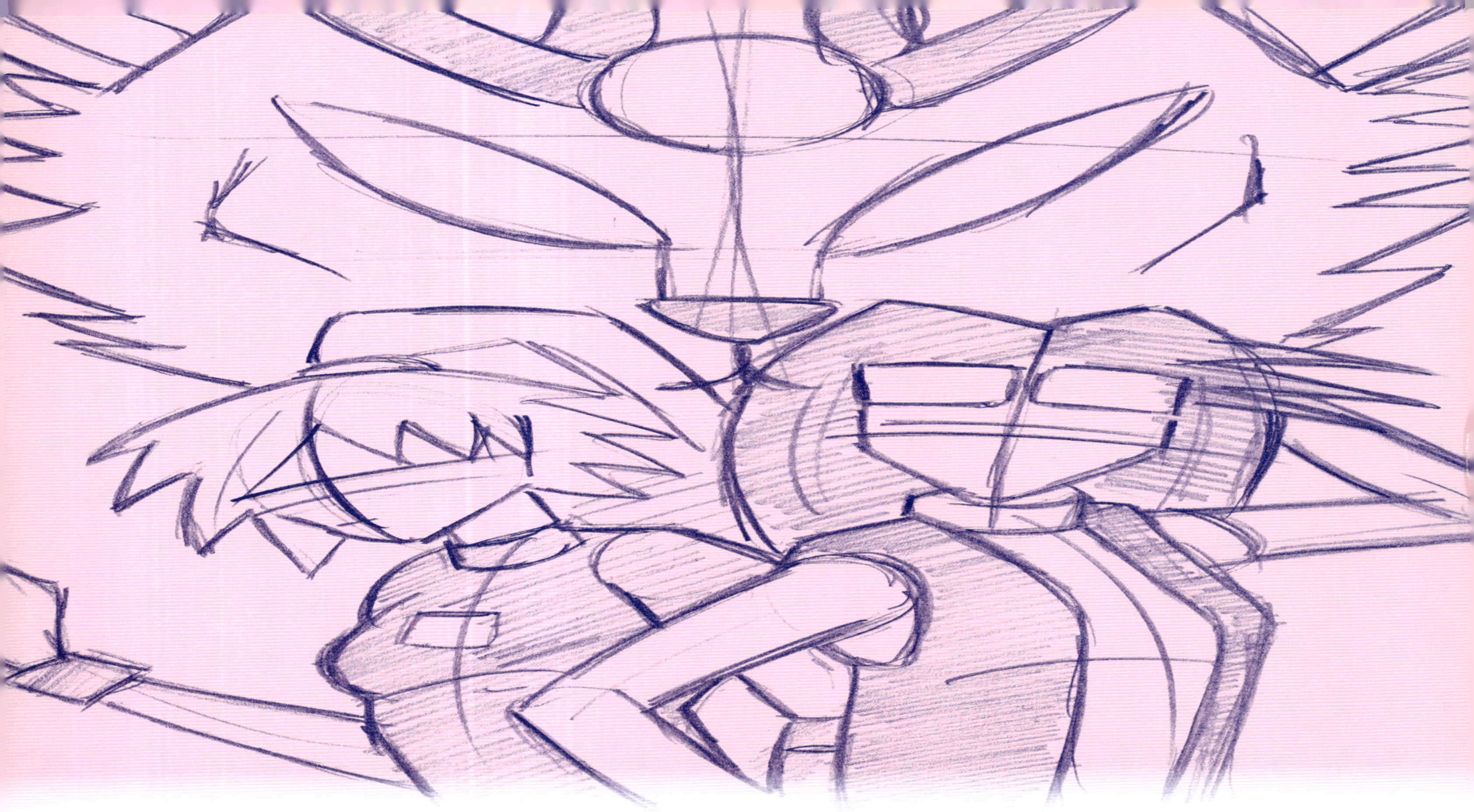

NACHDEM DU UNSERE FIGUREN NACHGEZEICHNET HAST, KANNST DU EIGENE ERFINDEN. GIB NICHT AUF, WENN ES NICHT BEIM ERSTEN VERSUCH KLAPPT. SCHAU DIR IMMER WIEDER DIE ANLEITUNGEN IN DIESEM BUCH AN, DANN WIRST DU BALD DEINEN EIGENEN STIL ENTWICKELN.

VIEL ERFOLG UND NOCH MEHR SPASS!

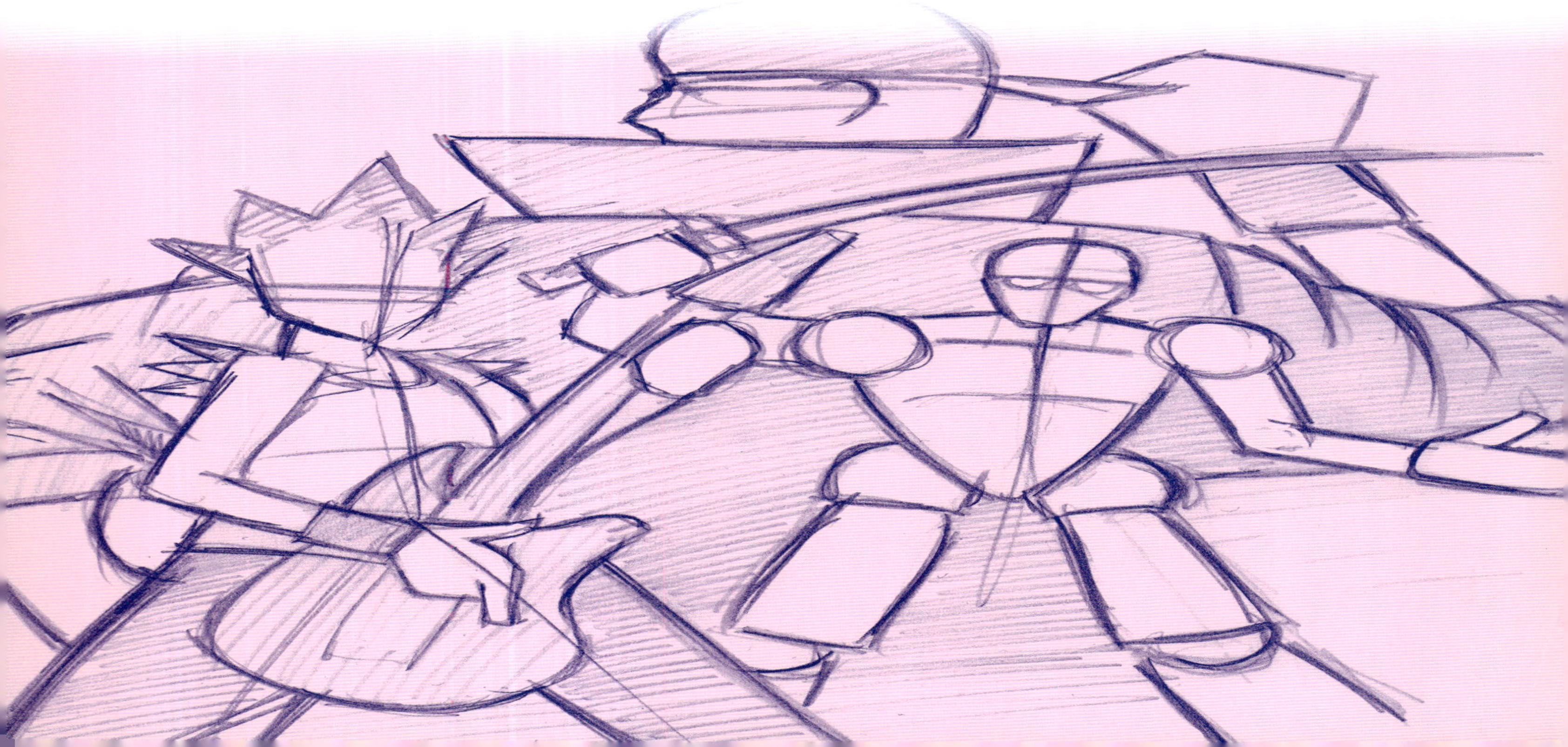